Stensitzky/Martin
Low Carb für Diabetiker

Andrea Stensitzky-Thielemans ist Diätassistentin und arbeitet in eigener Praxis. Sie ist zudem freiberufliche Ernährungsberaterin am Institut für Sport und Sportwissenschaften der Uni Freiburg und am Olympiastützpunkt Freiburg-Schwarzwald.

Prof. Dr. Stephan Martin ist Chefarzt für Diabetologie am Verbund Katholischer Kliniken Düsseldorf (VKKD) und Direktor des Westdeutschen Diabetes- und Gesundheitszentrums (WDGZ).

Andrea Stensitzky-Thielemans
Prof. Dr. Stephan Martin

Low Carb für Diabetiker

Mit über 100 Rezepten zu besseren Blutwerten

TRIAS

« Zucchinigratin, griechische Art (Seite 77)

Liebe Leserin, lieber Leser,

schön, dass Sie sich für dieses Buch entschieden haben. Was dürfen Sie erwarten? Ein paar Neuigkeiten zum Thema Diabetes und eine Hilfestellung, mit der Erkrankung besser umzugehen. Übergewichtige Menschen, die kurz vor einem Diabetes Typ 2 stehen oder diesen bereits haben, produzieren in der Regel mehr Insulin als Gesunde. Das Insulin hat aber seine Wirksamkeit verloren, die Betroffenen haben eine sogenannte Insulinresistenz. Das führt dazu, dass sie auf Nahrungsmittel, die Zucker oder Stärke (Kohlenhydrate) enthalten, übermäßig viel Insulin produzieren. Die Empfehlung, Fette zu meiden und mehr Kohlenhydrate zu essen, hilft den Betroffenen daher nicht beim Abnehmen. Eine Lösung hierfür kann in einer Ernährungsform liegen, bei der der Gehalt an Kohlenhydraten reduziert wird. Man spricht von »Low Carb«. Aber keine Sorge. Low Carb bedeutet nicht den völligen Verzicht auf Kohlenhydrate. Es geht um den bewussten Umgang damit – also um die Reduktion der Menge und die richtige Auswahl. Genuss und Sättigung dürfen dabei nicht zu kurz kommen. Sie werden feststellen, dass die Rezepte in diesem Buch genau diese Erwartungen erfüllen. Und, es wird mächtig bunt auf Ihrem Teller. Viele Ballaststoffe und eine Portion Eiweiß in jeder Mahlzeit des Tages sorgen für eine ordentliche Sättigung. Ganz nebenbei verschwinden auch überflüssige Pfunde. Und plötzlich haben Sie wieder Freude an der Bewegung, falls Ihnen diese abhandengekommen sein sollte.

Ich wünsche Ihnen viel Spaß mit dem Low-Carb-Rezeptbuch speziell für Diabetiker.

Ihre Andrea Stensitzky-Thielemans
Ihr Prof. Dr. Stephan Martin

Mein perfekter Tag

Birnen-Hüttenkäse

Für 2 Personen • geht schnell

250 g Hüttenkäse • 1 Birne • 2 EL Leinsamen • 2 EL Nüsse • 1 EL Hafer- oder Dinkelflocken • ½ TL Zimt

- Die Birne waschen, achteln und das Kerngehäuse entfernen. Den Hüttenkäse mit dem Leinsamen mischen. Die Nüsse hacken und dazugeben. Den Hüttenkäse auf einen Frühstücksteller geben, die Birnenstücke darauf verteilen, die Getreideflocken darüberstreuen und mit dem Zimt bestäuben.

Brokkoli-Frittata

Für 2 Personen • gelingt leicht

400 g Saisongemüse • 5 Eier • ca. 50 ml Milch • Pfeffer • Salz • Muskatnuss • 1 Zwiebel • 60 g Schinken • 2 EL Rapsöl

- Gemüse zerkleinern und ca. 5 Min. in kochendem Salzwasser blanchieren. Eier mit Milch und Gewürzen verquirlen. Zwiebel und Schinken klein schneiden. Zwiebel in einer Pfanne mit Öl glasig dünsten. Gemüse und Schinken dazugeben und kurz anbraten. Die Eiermischung mit geschlossenem Deckel bei kleiner Hitze ca. 6 Minuten stocken lassen. Die Frittata wenden und noch ca. 3 Min. braten.

- Dazu passt Tomatensalat.

Mediterranes Ofengemüse

Für 2 Personen • gelingt leicht

- 1 EL Rosmarinnadeln
- ½ Bund Oregano
- 3 EL Rapsöl
- 200 g kleine Kartoffeln
- 1 große Karotte
- 1 Aubergine
- 1 Zucchini (mittelgroß)
- 1 rote Paprikaschote
- 250 g Kirschtomaten
- 1 mittelgroße Zwiebel
- 5 Knoblauchzehen
- schwarzer Pfeffer

- Kartoffeln waschen und halbieren. Gemüse in Scheiben bzw. Würfel schneiden, Zwiebel und Knoblauch schälen und achteln. Alles zusammen mit dem Kräuteröl mischen, auf ein mit Backpapier ausgelegtes Backblech geben und im vorgeheizten Backofen bei 180 C° ca. 20 Min. garen.

- Dazu passt ein Quarkdip.

Low Carb bei Typ-2-Diabetes

Wenn man als Typ-2-Diabetiker auf eine kohlenhydratarme Ernährung umsteigt, profitiert sowohl die Gesundheit als auch das Gewicht.

Beim Diabetes Typ 2, der früher als Altersdiabetes bezeichnet wurde, spielt Insulin eine wichtige Rolle. Jedoch ist zu Beginn dieser Erkrankung der Insulinspiegel deutlich erhöht, da die Wirksamkeit des Hormons herabgesetzt ist. Dies bezeichnet man auch als Insulinresistenz, das heißt, dass bei ausreichend hohem Insulinspiegel dennoch die Körperzellen nicht darauf ansprechen, sozusagen resistent sind. Ein hoher Insulinspiegel blockiert zusätzlich die Gewichtsabnahme, sodass die Betroffenen Schwierigkeiten haben, Gewicht zu verlieren. Eine Lösung für dieses Problem kann in einer Ernährungsform liegen, bei der der Gehalt an Kohlenhydraten reduziert wird – man spricht dabei von »Low Carb«. Diese Erkenntnis berücksichtigen die Rezepte in diesem Buch. Der Kohlenhydratanteil ist in ihnen deutlich reduziert, stattdessen wird auf Eiweiße, gute Fette mit einem hohen Gehalt an Omega-3-Fettsäuren und Ballaststoffe gesetzt.

Übergewicht als Krankheitstreiber

In den vergangenen Jahren ist es weltweit zu einer deutlichen Zunahme des Körpergewichtes der Bevölkerung gekommen. In zunehmendem Maße leiden bereits Kinder und Jugendliche an Übergewicht oder sogar Fettsucht, die die Grundlage für viele Erkrankungen wie Diabetes, aber auch Bluthochdruck oder Fettstoffwechselstörungen sind. Diese Erkrankungen können auch bei nicht-übergewichtigen Menschen auftreten, jedoch handelt es sich dann meist um Erkrankungen, die andere Ursachen haben und in erster Linie mit Medikamenten behandelt werden müssen. Übergewichtige oder adipöse Personen, also Menschen mit einem starken Übergewicht, können hingegen durch eine Gewichtsabnahme Blutzucker, Blutdruck und Blutfette normalisieren. Am Diabetes mellitus (Diabetes Typ 2) kann man dies sehr gut demonstrieren: Treten erhöhte Blutzuckerwerte bei schlanken Menschen auf, so sind diese meist an einem Diabetes Typ 1 erkrankt. In dieser Personengruppe produziert der Körper das lebenswichtige Hormon Insulin in zu geringen Mengen. Da Insulin dafür verantwortlich ist, den Zucker aus dem Blut in die Körperzellen zu schleusen, kommt es bei einem solchen Insulinmangel zu einem Anstieg der Blutzuckerwerte. Fehlt Insulin, kommt es zusätzlich zu einer Gewichtsabnahme, denn Insulin ist dafür zuständig, die Fettverbrennung zu blockieren. Daher haben Patienten mit einem Diabetes Typ 1 zu Beginn der Erkrankung neben Durst und vermehrtem Wasserlassen – beides Beschwerden, die durch die erhöhten Blutzuckerwerte entstehen – auch eine ungewollte Gewichtsabnahme.

»Low Carb« ganz neu?

Alle gängigen Diäten, wie u.a. das Montignac-Verfahren, die Trennkost, die Atkins-Diät oder die Logi-Methode, basieren in unterschiedlichen Ausprägungen auf dem Prinzip von »Low Carb«. Eigentlich wurde die kohlenhydratarme Diät erstmals im 19. Jahrhundert von dem Engländer William Banting bekannt gemacht. Er selbst konnte auf Anraten seines Arztes mit einer speziellen kohlenhydratarmen Ernährung innerhalb eines Jahres angeblich 23 kg abnehmen. Seine Erfahrungen hat er in seinem kleinen Buch »Letter on Corpulence« niedergeschrieben, das damals zu einem Bestseller wurde.

Wie hängen Zucker und Kohlenhydrate zusammen?

Mit »Zucker« ist gewöhnlich nur Haushaltszucker gemeint. Um jedoch das grundlegende Prinzip von »Low Carb« zu verstehen, muss man sich auf der Teilchenebene die Zusammensetzung von den unterschiedlichen Zuckern und Kohlenhydraten anschauen.

Es gibt Einfachzucker, wie Traubenzucker (Glucose), Fruchtzucker (Fructose) und

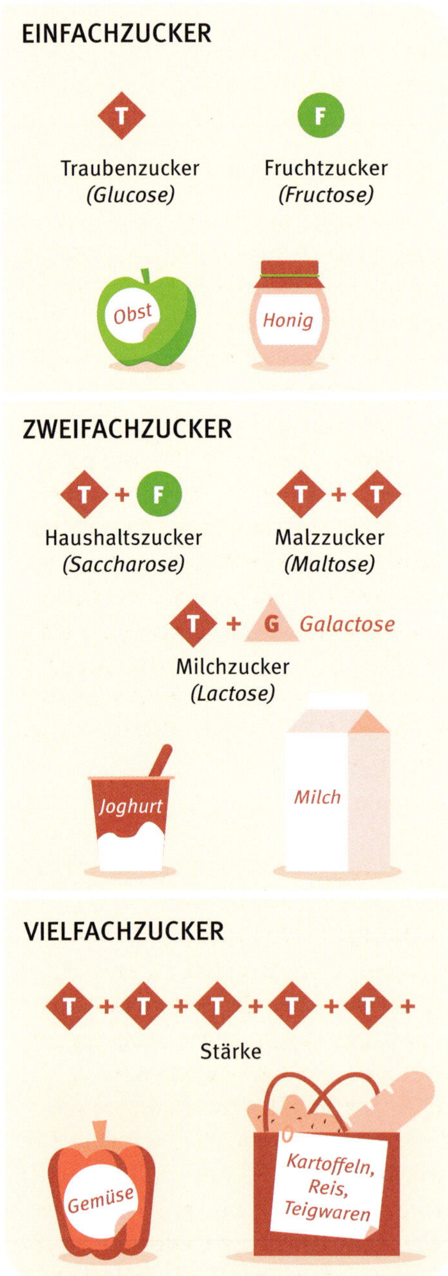

Schleimzucker (Galactose). Neben dem Haushaltszucker, der Saccharose, finden wir in unserer täglichen Nahrung auch Milchzucker, die sogenannte Lactose (siehe Abbildung, Seite 12). Beide bestehen aus zwei Molekülen, man spricht von einem Zweifachzucker. Bei Haushaltszucker handelt es sich um ein Molekül Traubenzucker in Kombination mit einem Molekül Fruchtzucker. Milchzucker ist zusammengesetzt aus einem Molekül Traubenzucker und einem Molekül Schleimzucker. Neben Einfach- und Zweifachzuckern gibt es auch die Mehrfachzucker, wie zum Beispiel Stärke: Glucose findet sich aufgereiht wie eine Perlenschnur in Stärke, die in allen Getreideprodukten, Reis oder Kartoffeln enthalten ist. Wird reine Stärke aufgenommen, wie zum Beispiel in Kartoffelpüree, wird diese von Enzymen im Darm sehr schnell gespalten, sodass in unserem Körper umgehend purer Traubenzucker entsteht. Ist die Stärke besonders verpackt, wie zum Beispiel in Vollkornprodukten, wird diese nur nach und nach aufgeschlossen und langsamer aufgenommen.

Was passiert im Körper, wenn wir Kohlenhydrate essen?

Unser Körper reagiert auf die Aufnahme von Glucose mit der Produktion von Insulin. Dabei interessiert es ihn nicht, ob diese aus weißem Haushaltszucker oder braunem Kandis, aus Mehl oder Kartof-

« Die verschiedenen Zuckerarten

felpüree, aus Pasta oder Pizza, aus Süßigkeiten oder Obst stammt.

Die Bauchspeicheldrüse produziert Insulin auf einen Glucosereiz: Wenige Minuten nach Nahrungsaufnahme wird Insulin ausgeschüttet, je übergewichtiger jemand ist, umso mehr. Bei stark übergewichtigen Personen ist noch bis zu zwei Stunden nach Zuckeraufnahme ein hoher Insulinspiegel nachweisbar. Spätestens nach einer Stunde sind aber die Kohlenhydrate ins Blut aufgenommen und durch die noch vorhandenen hohen Insulinmengen sinkt der Blutzucker ab. Dies merkt man durch ein Hungergefühl, das normalerweise zu einer erneuten Nahrungsaufnahme führt. Wieder wird nach wenigen Minuten und dann erneut nach einer Stunde Insulin ausgeschüttet, der Ablauf beginnt von vorne.

Zusätzlich führt Insulin dazu, dass die Fettverbrennung blockiert wird, sodass an Abnehmen nicht zu denken ist.

Bei Menschen mit Übergewicht oder Adipositas kommt es durch die Insulinresistenz dazu, dass der Körper auf Zucker oder Kohlenhydrate übermäßig viel Insulin ausschüttet. Die Betroffenen haben dann nach einer Stunde mehr Hunger als Schlanke und neigen dazu, noch mehr Nahrung aufzunehmen. Es beginnt also ein Teufelskreis aus Kohlenhydrataufnahme, vermehrter Insulinausschüttung, Blockade der Fettverbrennung und Hunger (siehe Abbildung, Seite 14).

Häufig berichten Betroffene, dass sie – obwohl sie kaum etwas essen – kein Gewicht verlieren können, und das ist tatsächlich der Fall.

Dies könnte daran liegen, dass es nicht nur Glucose bzw. Kohlenhydrate sind, die die Insulinproduktion anregen. Kürzlich konnte gezeigt werden, dass auch künstliche Süßstoffe oder Emulgatoren, die in Back- und Konditoreiwaren, Schokoladenprodukten, Margarine, Säuglingsnahrung, Kakaopulver, Milchpulver, Kartoffelpüree, Reis oder Nudeln eingesetzt werden, die Insulinproduktion steigern können. Körperliche Aktivität hingegen hilft, die Insulinempfindlichkeit zu steigern. Wenig Insulin reicht dann aus, um die Kohlenhydrate zu verstoffwechseln – doch fällt es mit jedem Kilogramm Fett umso schwerer, sich regelmäßig zu bewegen. Auch hier kommt ein fataler Teufelskreis in Gang.

Warum wird dennoch kohlenhydratreiche Kost empfohlen?

Ernährungsfachkräfte, wie Diätassistenten und Oecotrophologen, halten sich, sofern sie keine anderen Vorgaben von Ärzten bekommen, an die Ernährungsrichtlinien der Deutschen Gesellschaft für Ernährung (DGE). Diese sehen vor, dass die Nahrung der Menschen in Deutschland zu 55–60 % aus Kohlenhydraten und zu weniger als 30 % aus Fetten bestehen soll. Hintergrund ist, dass der Energiegehalt von Fetten mit 9 kcal/g deutlich hö-

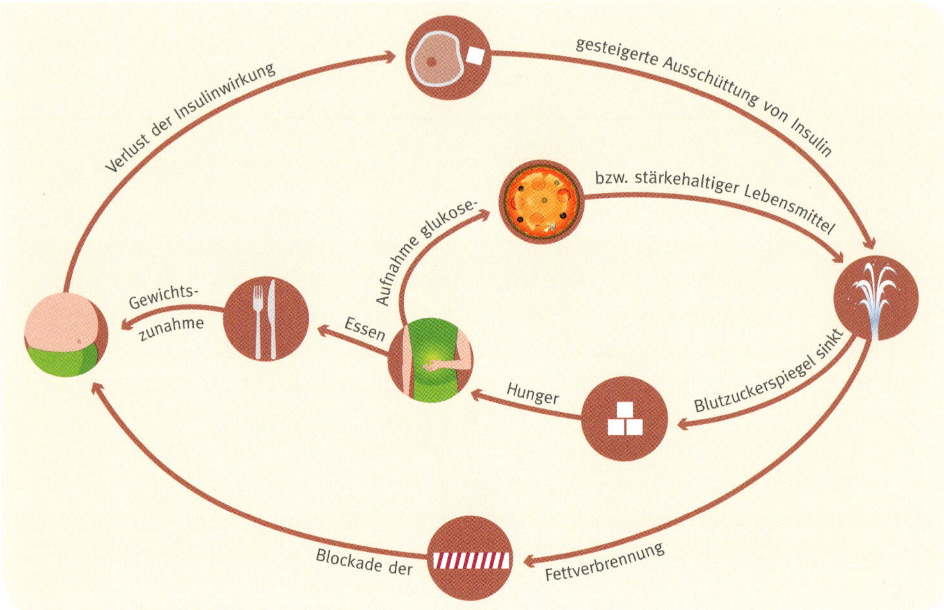

Regelkreis: Insulinresistenz und Blockade der Fettverbrennung.

her liegt als der von Kohlenhydraten mit 4,1 kcal/g. Das bedeutet, dass man bei gewichtsmäßig gleichen Mengen an Fetten doppelt so viel Energie aufnimmt wie bei Kohlenhydraten. Die Mengenbegrenzung von Fetten stammt aus dem Jahr 1977. Aufgrund von neuen wissenschaftlichen Ergebnissen wurde diese Ernährungsempfehlung kürzlich in den USA ersatzlos gestrichen, so dass es dort keine empfohlene Höchstmenge für die Aufnahme von Fett mehr gibt. Hintergrund dafür sind neue Studienergebnisse, die speziell für pflanzliche Fette Entwarnung geben. In einer großen Studie aus Spanien, der sogenannten PREDIMED-Studie, konnte sogar nachgewiesen werden, dass eine Ernährung, die reich an Olivenöl oder Nüssen (die auch sehr viel Fett enthalten) ist, stärker vor Herz-Kreislauf-Erkrankungen schützt als eine fettarme Kost.

Warum eignet sich Low Carb für Typ-2-Diabetiker?

Übergewichtige oder fettsüchtige Menschen mit Diabetes Typ 2 haben in der Regel eine besonders ausgeprägte Insulinresistenz, d. h., sie produzieren auf Nahrungsmittel, die Glucose oder Stärke enthalten, übermäßig viel Insulin. Häufig werden dann zusätzlich noch Medikamente gegeben, die die Insulinproduktion steigern. Oder es wird sogar schon in frühen Phasen der Erkrankung lang wirksames Insulin gespritzt, sodass die Insulinspiegel auch zwischen den Mahlzeiten immer erhöht bleiben. Somit haben diese Menschen meist permanent Hunger und die Fettverbrennung wird dauerhaft blockiert. Die Standardernährungsempfehlung, Fette zu meiden und mehr Kohlenhydrate zu verzehren, hilft den Betroffenen nicht dabei, abzunehmen. Das trägt nicht gerade zu einer hohen Motivation bei …

Doch diese Empfehlung galt nicht schon immer! Elliott P. Joslin (1869–1962), der sich als erster Arzt auf die Behandlung des Diabetes spezialisierte und nach dem ein berühmtes Diabeteszentrum in Boston (USA) benannt ist, verordnete seinen übergewichtigen Patienten mit Diabetes eine Kost bestehend aus 2 % Kohlenhydraten und 75 % Fett.

Nach der Entdeckung von Insulin Anfang des 20. Jahrhunderts sind die Diabetologen dazu übergegangen, die Diätvorschriften zu lockern. Speziell in Deutschland suggeriert man seit einigen Jahren Patienten mit Typ-2-Diabetes, dass man sich für eine Insulintherapie entscheiden solle, denn dann brauche man nicht mehr auf die Ernährung zu achten. Man müsse nur lernen, die korrekte Menge an Insulin zu berechnen und zu spritzen. Dass ein Großteil der bereits übergewichtigen oder fettsüchtigen Typ-2-Diabetiker nach Beginn einer Insulintherapie deutlich an Gewicht zunehmen, ist aufgrund der zuvor dargestellten Zusammenhänge ersichtlich. Da die Therapie mit Insulin für die Ärzte, aber auch für die gesetzlichen Krankenkassen in Deutschland finanzielle Vorteile hat, wird sich in den nächsten Jahren an dieser Verordnungspraxis vermutlich wenig ändern! Verschiedene Studien der letzten Jahre, bei denen Patienten mit Typ-2-Diabetes eine kohlenhydratreduzierte Low-Carb-Ernährung empfohlen wurde, konnten zeigen, dass sich diese Ernährungsform besonders günstig auf die Blutzuckerwerte auswirkt.

Was müssen Sie als Typ-2-Diabetiker bei Low Carb bedenken?

Wenn Ihr Typ-2-Diabetes noch nicht mit Tabletten oder Insulin behandelt wird, können Sie ohne irgendwelche Bedenken eine Low-Carb-Ernährung ausprobieren. Den Erfolg können Sie am Blutzuckertagesprofil sehen. Dabei wird der Blutzucker vor und ca. 1 ½–2 Stunden nach den Mahlzeiten gemessen. So kann man sehr gut sehen, wie sich die Mahlzeit auf den Blutzucker auswirkt.

Wenn Sie bereits eine Tablettentherapie erhalten, müssen Sie aufpassen, ob es sich um Medikamente handelt, die die Insulinproduktion anregen. Das sind sogenannte Sulfonylharnstoffe, die Wirkstoffe wie Glibenclamid oder Glimepirid enthalten. Aber auch Glinide zählen dazu, diese enthalten Repaglinid oder Nateglinid. Wenn man diese Medikamente weiter einnimmt und eine Low-Carb-Ernährung beginnt, kann es sehr schnell zu schweren Unterzuckerungen kommen. Da insbesondere die Sulfonylharnstoffe bis zu 72 Stunden im Blut wirksam sind, kann der Blutzucker auch viele Stunden nach Absetzen oder Reduktion dieser Medikamente deutlich abfallen. Gleiches gilt für eine Insulintherapie: Werden unveränderte Mengen an Insulin gespritzt, jedoch die Kohlenhydratmenge deutlich reduziert, können auch hier Unterzuckerungen auftreten.

Deshalb sollten Patienten, die an ihren Ernährungsgewohnheiten etwas ändern wollen, jedoch auf eine der genannten medikamentösen Therapien eingestellt sind, unbedingt Kontakt mit dem behandelnden Arzt aufnehmen. Mit ihm kann dann gemeinsam besprochen werden, die Therapie vorübergehend auf andere Medikamente umzustellen, die nicht zu Unterzuckerungen führen. Zu diesen Medikamenten gehört der Wirkstoff Metformin, aber auch die Wirkstoffklassen der DPP-4-Hemmer, der GLP-1 Agonisten oder der SGLT2-Blocker.

Gleiches gilt auch für die Bewegung, denn wenn man sich mehr bewegt, können die Blutzuckerwerte ebenfalls schnell abfallen. Solche Warnungen erschrecken häufig die Betroffenen und gelegentlich empfehlen auch Ärzte, dass man an den bisherigen Lebensgewohnheiten nichts ändern sollte, da sonst der Blutzuckerspiegel durcheinandergerate. Doch fahren wir in unserem Auto ja auch nicht einfach so weiter, wenn die Reifen oder die Bremsbeläge abgefahren sind, nur weil die Reparatur Mühen und Geld kostet. Lassen Sie sich nicht demotivieren, Ihren Lebensstil zu ändern!

Grundregeln bei Low Carb

Lernen Sie zu erkennen, wo Kohlenhydrate enthalten sind: Vielen Menschen sind die Grundbestandteile der Ernährung nicht so geläufig, so dass sie sehr unsicher sind, in welchen Nahrungsmitteln welche Mengen an Kohlenhydraten enthalten sind. Für Patienten mit Typ-1-Diabetes wurden sogenannte Austauschtabellen erstellt, anhand deren sie berechnen können, wie viel Insulin sie bei bestimmten Mahlzeiten spritzen müssen. Solche Tabellen sind sehr hilfreich, wenn man auf eine Low-Carb-Ernährung umstellen will. Im Buchhandel können sie sehr ausführliche Listen kaufen oder Sie laden sich eine entsprechende App herunter, wenn Sie ein Smartphone haben. Der Low-Carb Diät-Rechner & Kohlenhydrate-Assistent PRO von Jommi Online ist da eine gute Wahl. Die Menge an Kohlenhydraten, die zu einer bestimmten Insulinproduktion führt, wird als Broteinheit (BE) oder Kohlenhydrat (KH)-Portion angegeben. So hat ein Brötchen 2 BE oder KH-Portionen, ein Glas Milch 1 BE/KH-Portion. Wasserreiche Gemüse, Käse oder Fleisch sind nicht in den Listen enthalten, denn diese enthalten keine verwertbaren

Kohlenhydrate, die eine Insulinproduktion auslösen.

Meiden Sie schnell verwertbare Kohlenhydrate komplett: Wenn Sie Kohlenhydrate aufnehmen, sollten Sie nur solche auswählen, die langsam ins Blut aufgenommen werden. Hier spielt der glykämische Index eine wichtige Rolle. Pure Trauben- bzw. Haushaltszucker, wie sie in Limonade, aber auch in Fruchtsäften enthalten sind, sollten Sie komplett meiden. Wählen Sie bevorzugt Vollkornprodukte, in denen ist zwar auch Stärke enthalten, doch ist diese in den Körnern so verpackt, dass sie nur langsam vom Körper aufgenommen wird.

Halten Sie große Abstände zwischen Mahlzeiten mit Kohlenhydraten ein: Um den Insulinspiegel im Körper absinken zu lassen, sollten Sie möglichst große Abstände zwischen kohlenhydrathaltigen Mahlzeiten einhalten. Häufig berichten Patienten, dass sich der Verzicht von Kohlenhydraten zum Abendessen sehr positiv auf den Nüchternblutzucker, aber auch auf das Gewicht auswirkt.

Das »Alles-oder-Nichts«-Prinzip: Auch kleine Mengen Kohlenhydrate steigern die Insulinproduktion und blockieren die Fettverbrennung. Das kleine Gummibärchen zwischendurch reicht häufig aus, die Insulinproduktion anzuregen und wieder Hunger auszulösen. Versuchen Sie, konsequent zu sein, und bringen Sie mentale Stärke auf, das Wissen konsequent umzusetzen. Hier kann auch das von uns entwickelte Mentaltraining (www.justme-coach.de) sehr hilfreich sein oder ein Coaching durch das Deutsche Institut für Telemedizin und Gesundheitsförderung (DITG).

Experimentieren Sie und messen Sie Ihren Blutzucker: Personen mit Diabetes haben die Möglichkeit, Kohlenhydrate in den Mahlzeiten durch das Messen des Blutzu ckers zu erkennen. Experimentieren Sie also und messen Sie den Blutzucker vor und 1 ½ Stunden nach der Mahlzeit. Sie werden erstaunt sein.

Kochen Sie selbst: Sie werden sich wundern, wie viel Kohlenhydrate und auch Zucker in vielen Fertiggerichten enthalten sind. Schauen Sie doch einfach mal im Internet unter dem Stichwort »versteckte Zucker« nach und Sie werden sehr überrascht sein. Die Lösung für das Problem ist aber ganz einfach: Kochen Sie selbst, dann wissen Sie, was in der Nahrung enthalten ist.

Mit dem Kauf dieses Buches haben Sie einen sehr wichtigen Schritt gemacht. Frau Stensitzky-Thielemans ist eine sehr erfahrene Diätassistentin und hat für Sie eine Vielzahl von Low-Carb-Rezepten zusammengestellt. Sie müssen nun nur noch den zweiten Schritt gehen und zur Tat schreiten: Einkaufen und die vielen köstlichen Rezepte ausprobieren!

Worauf kommt es bei Low Carb an?

Die richtige Zusammenstellung von Kohlenhydraten, Ballaststoffen, Fetten, Eiweißen und Mikronährstoffen ist das A und O einer gesunden Ernährung.

Während Ernährungs- und Diabetes-Fachgesellschaften in Deutschland zur Ernährungstherapie des Diabetes mellitus Typ 2 nach wie vor die kohlenhydratreiche (ca. 55 % der Gesamtenergie) und fettreduzierte (ca. 30 % der Gesamtenergie) Form der Speiseplangestaltung empfehlen, weisen neuere Studien auf deutliche Vorteile einer Ernährungsweise hin, die weniger Kohlenhydrate, dafür aber mehr Eiweiß und Fett (von hervorragender Qualität hinsichtlich der Fettsäuremuster) enthält.

Je besser Ihr Blutzucker eingestellt und je weniger Insulin im Blut ist, desto besser funktioniert die Fettverbrennung! Statt durch Kohlenhydrate deckt der Körper dann seinen Energiebedarf verstärkt aus seinen eigenen Fettreserven. Ihre Fettpölsterchen schmelzen dahin. An diesen Punkt kommen Sie mit der richtigen Auswahl und Kombination der drei Hauptnährstoffe Eiweiß, Fett und Kohlenhydrate.

Kohlenhydrate

Sie sind die Energiequelle, die wir am schnellsten nutzen können. Damit spielen sie eine wichtige Rolle für die Funktionsfähigkeit unserer Organe und des Nervensystems, als Energielieferant für das Gehirn und bei der Befeuerung unserer Muskeln.

Kohlenhydrate (KH) sind in pflanzlichen Lebensmitteln enthalten. Also z. B. in Obst, Getreide und Getreideprodukten und daraus hergestellten Lebensmitteln, wie Nudeln, Brot, Gebäck; außerdem in Reis, Kartoffeln, Gemüse, Kleie, Saaten, Nüssen und Hülsenfrüchten. Außerdem in Zucker und allen daraus hergestellten bzw. damit zubereiteten Lebensmitteln; weiterhin als Milchzucker in den Milchprodukten.

Es gibt die guten und die schlechten Kohlenhydrate. Der Unterschied liegt in der Geschwindigkeit, mit der aus den KH-haltigen Nahrungsmitteln im Körper Zucker hergestellt wird. Handelt es sich also eher um die schnell oder die langsam spaltbaren Kohlenhydrate? Und wie schnell wandert oder saust der daraus hergestellte Zucker dann in die Zellen? Das wird durch den Glykämischen Index (GI) ausgedrückt. Die Schnellen sitzen in allem, was süß schmeckt und/oder aus Weißmehl hergestellt wird, also Süßigkeiten, Torten und Gebäck, Getränken, wie Cola, Limonade und Säften, Weißbrot, Spätzle und Co. Sie alle haben einen hohen GI, denn sie werden im Magen-Darm-Trakt ganz schnell aufgespalten und schnell als Zucker in die Blutbahn abgegeben. Folge: der Blutzucker saust in die Höhe. Die Bauchspeicheldrüse arbeitet auf Hochtouren und schickt jede Menge Insulin hinterher. Dieses öffnet die Zellen für den Blutzucker. Dieser saust in die Zellen. Folge 1: Der Blutzuckerspiegel sinkt rasch – das macht erneut Heißhunger. Aber das ausgeschüttete Insulin ist nicht vollständig benötigt worden. Der Insulinspiegel ist also noch hoch. Folge 2: Auch das macht Heißhunger. Folge 3: Ihr Körper kann kein Fett verbrennen. Sie sollten also diesen Kreislauf (siehe Abbildung, Seite 14) unbedingt durchbrechen.

Das gelingt mit etwas weniger, aber vor allem mit den richtigen Kohlenhydraten. Diese sind durch einen niedrigen GI gekennzeichnet. Sie sind schwerer verdaulich, denn die Verdauungsenzyme schaffen es nur häppchenweise, sie in ihre einzelnen Zuckermoleküle zu zerlegen, bevor sie ganz langsam als Zucker in die Blutbahn abgegeben werden. Somit führt ihr Verzehr zu einem langsamen Blutzuckeranstieg und einer weniger hohen, eher gleichmäßigen Blutzuckerkurve. Die Insulinausschüttung verhält sich dazu parallel. Es wird also nur ausgeschüttet, was auch tatsächlich gebraucht wird. Nebeneffekt: Sie machen länger satt. Außerdem enthalten sie Ballaststoffe, die die Blutzuckerkurve ebenfalls positiv beeinflussen. Obendrein sorgen sie für eine gute Verdauung.

Zu den langsamen Kohlenhydraten mit niedrigem GI zählen: Vollkornprodukte, Kleie, Samen, Nüsse, Hülsenfrüchte und Gemüse. Ein tolles Rezept hierfür und zum Start in den Tag ist der »Birnen-Hüttenkäse« (Seite 8).

Der GI gibt an, wie schnell die Kohlenhydrate aus einem Lebensmittel nach dem Essen im Blut landen und wie intensiv der Blutzuckerspiegel durch sie erhöht wird. Als Beispiel dient der Vergleich zwischen einer Scheibe eines körnigen Vollkornbrotes (langsam) und einer Scheibe Weißbrot (schnell). Übrigens ist auch die Zubereitungsart mitunter entscheidend. So sind z. B. Nudeln bissfest (al dente) gekocht langsamer unterwegs als weich gekochte Pasta.

Neben dem GI spielt auch die verzehrte Kohlenhydratmenge eine wesentliche Rolle. Damit sind wir bei der Glykämischen Last. Sie sagt aus, welche Insulinmenge erforderlich ist, um den Blutzuckerspiegel nach dem Essen wieder zu senken. GI und GL sind somit zwei unzertrennliche Größen.

Das Low-Carb-Prinzip

»Low Carb« bedeutet nicht, dass Sie gar keine von den geliebten Kohlenhydraten mehr essen sollen. »Weniger und die Richtigen« ist das Motto.

Beispiel: Wenn Sie von dem Vollkornbrot mit dem niedrigen GI anstatt zwei fünf Scheiben essen, provozieren Sie eine relativ hohe Insulinausschüttung, obwohl der GI im niedrigen Bereich liegt. »Qualität« und »Quantität« sind hier die Stichwörter.

Die beiden wichtigen Anhaltspunkte für den Blutzucker- und den Insulinanstieg nach einer Mahlzeit lauten: Glykämischer Index (GI) und Glykämische Last (GL) ≙ Art und Menge der verzehrten Kohlenhydrate.

Ballaststoffe

Sie sind alles andere als Ballast. Als unverdauliche Nahrungsbestandteile haben einige die Fähigkeit, aufzuquellen. Geschieht dies im Magen, machen sie lange satt. Der aus den KH gewonnene Zucker gelangt langsam ins Blut. Blutzucker und Insulinspiegel werden niedrig gehalten. Ballaststoffe können außerdem den Cholesterinspiegel senken, indem sie Nahrungscholesterin im Darm binden und dieses dann zusammen mit dem Stuhl ausgeschieden wird.

Wenn Sie täglich 3–4 Portionen Gemüse und 1 Portion Obst essen und die Weißmehl- durch Vollkornprodukte ersetzen, haben Sie den Diabetes besser im Griff und Ihrer Figur und Ihrem Wohlbefinden einen großen Gefallen getan. Eine Portion Gemüse ist so viel, wie auf Ihre eigene Handfläche passt.

Die von der Deutschen Gesellschaft für Ernährung (DGE) empfohlenen 30 g pro Tag werden Sie, wenn Sie die Rezepte für alle drei Mahlzeiten des Tages gut kombinieren, ganz leicht erreichen. In den Nährwertangaben der Rezepte finden Sie auch immer den Ballaststoffgehalt.

Damit die Ballaststoffe im Magen-Darm-Trakt gut quellen können, sollten Sie ausreichend trinken. Am besten immer ein extra Glas Wasser oder Tee zu der ballaststoffreichen Mahlzeit.

Eiweiß

Eiweiß ist das Kraftfutter für Ihre Muskeln. Ein Eiweißbaustein besteht aus vielen kleinen Bausteinen, den Aminosäuren. Diese haben viele Aufgaben in unserem Körper. Sie sind z. B.:

- Bau- und Struktursubstanz unseres Körpers und stecken daher in jeder einzelnen Zelle; sie stabilisieren also z. B. unsere Knochen, Gelenke und Muskeln. Das ist vor allem im Alter wichtig.
- Bestandteil von Hormonen, Antikörpern und Enzymen.
- Transportmolekül z. B. für Cholesterin, Eisen oder Sauerstoff, indem sie diese durch die Blutbahn transportieren.

Eiweiß steckt in vielen unserer Lebensmittel. Es wird unterschieden zwischen tierischen und pflanzlichen Eiweißlieferanten. Zu den tierischen zählen: Fleisch, Schinken und Wurstwaren, Fisch und Fischprodukte, Eier, Milch, Milchprodukte, wie Molke, Käse, Quark, Joghurt und Hüttenkäse. Zu den pflanzlichen gehören: Soja und daraus hergestellte Produkte (z. B. Tofu, Sojaflocken), Pilze, Nüsse, Getreideprodukte, Amaranth, Quinoa, Hülsenfrüchte, Kartoffeln, Lupinen und Algen. Ein ganz einfaches Tofu-Rezept, für alle, die es süß mögen, ist die »Heidelbeer-Cremespeise« (Seite 36). Wenn Sie eher der herzhafte Typ sind und Lust auf etwas Neues haben, probieren Sie einmal den »Amaranth-Gemüse-Topf« (Seite 74) aus.

Die pflanzlichen und tierischen Eiweißquellen liefern verschiedene Aminosäuren in unterschiedlichen Mengen. Ihre Verfügbarkeit in unserem Körper ist besonders hoch, wenn wir die tierischen mit den pflanzlichen Aminosäuren kombinieren. Man nennt dies die »biologische Wertigkeit« von Eiweiß. Sie sagt uns, wie viel körpereigenes Eiweiß aus dem gegessenen Eiweiß aufgebaut werden kann: 100 g verzehrtes Eiweiß ≙ × g körpereigenes Eiweiß.

Beispiele für die optimale Kombination der verschiedenen Eiweißlieferanten könnten sein:

- Fleisch mit Bohnen
- Fisch mit Kartoffeln
- Rührei mit Pilzen
- Getreide mit Milch: z. B. Müsli mit Milch/Joghurt oder Kräuterquark auf Vollkornbrot
- Kartoffelgericht mit Ei

Ein leckeres Gericht, das auch noch viel hermacht und sich für Besuch gut eignet, ist das »Filetsteak mit Zwiebelkruste und Bohnen« (Seite 105).

Soja und Sojaprodukte können wichtig sein, wenn man auf Fleisch verzichten möchte, denn sie haben einen hohen Eiweißnutzen für den Körper. Allerdings hat Soja, wenn es nicht biologisch angebaut wird, nicht den besten Ruf, weil der massenhafte Anbau und der Einsatz von Gentechnik den Böden, aber auch den Menschen in den Anbaugebieten, schaden. Es gibt aber Alternativen. Ebenfalls gut geeignet für Veganer und Vegetarier sind Kombinationen aus:

- Hülsenfrüchten mit Getreide, z. B. Linsen mit Spätzle
- Gemüsemischung mit Bohnen und Mais

Eiweißreiche Kost hat in der Phase einer Gewichtsreduktion den großen Vorteil, dass der Körper während dieser Zeit der negativen Energiebilanz die Muskeln in Ruhe lässt. Er holt die benötigte Energie dafür aus den Fettdepots. Derweil können die Muskeln arbeiten und ordentlich Fett verbrennen. Das hilft zusätzlich beim Abnehmen. Außerdem macht eiweißreiche Kost schön satt. Und das ist eine wichtige Voraussetzung dafür, die Gewichtsreduktion hoch motiviert durchzuhalten.

In jeder der drei Mahlzeiten des Tages sollte eine Portion Eiweiß, ca. 25–35 g, enthalten sein. Pro Woche 2–3 Fleischmahlzeiten (Wurstwaren und Schinken inklusive), 2 Fischmahlzeiten und 2–3 vegetarische Gerichte versorgen Sie abwechslungsreich mit allen wichtigen Nährstoffen. Die Rezepte in diesem Buch sind so konzipiert, dass am Ende des Tages auch die Eiweißzufuhr passt.

Fett

Dieser Nährstoff wurde lange Zeit als der hauptsächliche Dickmacher verteufelt. Darauf ist die Wissenschaft mit vielen Studien eingegangen. Und auch bei diesem Thema kommt es eher auf die Qualität an. Dennoch bleibt auch die Quantität im Fokus. Aber der Reihe nach.

Nahrungsfette haben wichtige Aufgaben:

- Schutzfunktion: Nieren und Herz sind mit einer Fettschicht vor Druck und Stoß von außen geschützt.
- Das Gehirn besteht zu 60 % aus Fetten; 40 % davon bestehen aus Omega-3-Fettsäuren.
- Erhaltung der Körpertemperatur und Isolierung vor Kälte
- Geschmacksträger
- Aufnahme der fettlöslichen Vitamine A, D, E und K
- Baustoff für Zellen und Hormone

Pro Tag benötigen Frauen ungefähr 60–65 g Fett und Männer ca. 80 g Fett. Ebenso wichtig wie die Quantität ist die Qualität. Dafür werden tierische und pflanzliche Fettlieferanten unterschieden. Die tierischen sind: Fleisch, Fleischprodukte, Wurstwaren, Fisch, Eier, Milchprodukte. Die pflanzlichen sind: Nüsse, Samen, Saaten, Avocado, Oliven, Öl.

Aufgrund der Herkunft enthalten die Fettlieferanten unterschiedliche Fettsäuren:

Gesättigte Fettsäuren sind vor allem in tierischen Produkten enthalten. Hier sollten Sie zurückhaltender zugreifen. Denn fetthaltige Fleisch- und Wurstwaren, Sahne, Sahnesaucen, Torten und Süßigkeiten enthalten versteckte Fette. Das sind automatisch versteckte Kalorien.

Einfach ungesättigte Fettsäuren stecken z. B. im Olivenöl. Dies hat positive Effekte auf das Herz-Kreislauf-System. Für Salatdressings ist es bestens geeignet.

Mehrfach ungesättigte Fettsäuren sind gekennzeichnet durch ihre chemische Struktur mit vielen Doppelbindungen. Mit die wichtigsten Vertreter sind die Omega-3-Fettsäuren. Diese langkettigen Fettsäuren sind essenzielle Fettsäuren. Unser Körper kann sie also nicht selber herstellen und wir müssen sie daher mit der Nahrung zu uns nehmen. Somit sind wertvolle Fette und Öle, in denen sie enthalten sind, unverzichtbar auf Ihrem Speiseplan. Sie kurbeln z. B. die Fettverbrennung an und unterstützen den Fettabbau. Sie können das LDL (das »schlechte Cholesterin«) und Triglyceride senken. Sie sind beteiligt am Aufbau von Gehirn-, Nerven- und Körperzellen und tragen zur Regulierung des Blutdrucks bei. Sie reduzieren Entzündungsmechanismen im Körper, dienen als Schutz gegen Herz-Kreislauf-Erkrankungen und können die Insulinresistenz verbessern. Beides ist wichtig für Diabetiker. Enthalten sind sie z. B. in Lachs, Hering, Makrele, Thunfisch und Forellen sowie in Nüssen, Lein- und Chiasamen und in pflanzlichen Ölen, wie Lein- Hanf-, Walnuss-, Raps- und Sojaöl.

Wichtig: Fette sind zwar der energiereichste Nährstoff, dennoch wäre es falsch, den Verzehr stark einzuschränken oder gar vollständig auf sie zu verzichten, um Kalorien einzusparen. Ein bewusster Umgang und die richtige Auswahl – Stichwort Omega-3-Fettsäuren – sind die wichtigsten Kriterien für den Umgang mit Fett.

Die Mikronährstoffe

Sie sind kleine Helfer mit großer Wirkung. Ihnen allen ist gemein, dass sie lebensnotwendig sind und der Körper sie nicht selbst herstellen kann. Daher müssen sie unbedingt mit der Nahrung zugeführt werden.

Da sie unabdingbar sind für unzählige Vorgänge im Körper, werden sie auch als Vitalstoffe bezeichnet. Sie sind maßgeblich an den Stoffwechselprozessen beteiligt und wirken dort sozusagen als

Katalysatoren. Fehlen sie, kann dies Auswirkungen auf den Stoffwechsel haben. Sie dienen außerdem als Kommunikationsmittel zwischen den Zellen. Ohne sie läuft also nichts. Vor allem Diabetiker müssen auf eine gute Versorgung mit Vitaminen und Mineralstoffen achten. Denn durch sie verbessert sich die Blutzucker- und Insulineinstellung oft ganz erheblich.

Es ist gar nicht so schwer, Mineralstoffe, Spurenelemente, Vitamine und sekundäre Pflanzenstoffe über die tägliche Ernährung zu sich zu nehmen. Denn sie sind in Gemüse, Salat, Kräutern, Sprossen, Pilzen, Obst, Milch und Milchprodukten, Vollkornprodukten, Hülsenfrüchten, Nüssen, Samen und Saaten, Kartoffeln, Fleisch, Fisch und Meeresfrüchten und Eiern enthalten. Alle Lebensmittel sollten möglichst frisch und unverarbeitet eingekauft werden. Regionale, saisonale und Bio-Produkte berücksichtigen auch den ökologischen Aspekt. Wenn Sie sich abwechslungsreich durch diese Auswahl »arbeiten«, frische (oder auch Tiefkühl-) Ware auswählen und selbst kochen, statt Fertiggerichte zu verwenden, machen Sie ganz viel richtig.

Die optimale Flüssigkeitszufuhr

Wasser ist der wichtigste Nährstoff. 1,5–2 Liter Trinkmenge pro Tag wären ideal. Wenn Sie schweißtreibenden Sport betreiben, sollten Sie die Menge um 0,5 Liter erhöhen. Trinken Sie gleichmäßig über den Tag. Zu große Mengen auf einmal können Mineralstoffe ausschwemmen. Als Orientierung: Pro Stunde ein Glas Wasser. Wenn Sie das Trinken vergessen, bauen Sie sich Eselbrücken für die Erinnerung. Deponieren Sie ein Glas Wasser an verschiedenen Orten in der Wohnung. So kann Ihr Trinktraining leicht gelingen.

Aufgaben des Wassers sind:

Transportmittel: Ausreichendes Trinken stellt sicher, dass Nährstoffe und Sauerstoff über die Blutbahn zu den Zellen transportiert werden können.

Aufnahme von Mineralstoffen: Die Muskeln arbeiten schneller und kräftiger, die Hirnzellen werden besser durchblutet und arbeiten effektiver, die Immunzellen werden angeregt. Dadurch fühlen wir uns leistungsfähiger, wacher, konzentrierter – also rundum vital!

Nierenfunktion und Verdauung: Die Nierentätigkeit und somit die Ausscheidung von Abfallstoffen aus dem Stoffwechsel wird unterstützt. Das Gleiche gilt auch für einen reibungslosen Verdauungsprozess. Damit die unverdaulichen Ballaststoffe aus der Nahrung gut aufquellen können, wird viel Flüssigkeit benötigt. In der Folge wird das Stuhlvolumen vergrößert und die Konsistenz des Stuhls für den Transport optimiert.

Für Diabetiker besonders wichtige Mikronährstoffe

Mikronährstoffe	Funktion
Fettlösliche Vitamine	
D	Aufnahme von Kalzium. Es beeinflusst die Insulinempfindlichkeit positiv.
E	Stärkt das Immunsystem. Wirkt als Radikalfänger. Dient der Zellerneuerung. Hemmt entzündliche Prozesse im Körper. Damit ist es besonders wichtig für Diabetiker.
Wasserlösliche Vitamine	
B-Vitamine	Haben wichtige Aufgaben im Eiweiß-, Fett- und Kohlenhydratstoffwechsel.
B_9 (Folsäure)	Zellwachstum und Zellerneuerung.
C	Schützt vor schädlichen freien Radikalen, die bei Diabetikern häufig vorkommen.
Mineralstoffe und Spurenelemente	
Magnesium	Beweglichkeit der Muskeln. Aktivierung von Stoffwechselenzymen. Verbesserung der Aufnahme von Zucker in die Zellen. Das kann die Diabeteseinstellung begünstigen.
Chrom	Stoffwechsel und Fettsäureabbau. Sorgt dafür, dass das Insulin seine Aufgaben im Körper erfüllen kann, und damit für eine bessere Blutzuckereinstellung.
Zink	An Bildung, Ausschüttung und Speicherung von Insulin in der Bauchspeicheldrüse beteiligt. Für die Wirkung des Insulins an den Zellen verantwortlich, um diese für den Energielieferanten Zucker zu öffnen. Unterstützt die Wundheilung, was für Diabetiker ebenfalls sehr wichtig ist.
Sekundäre Pflanzenstoffe	
Polyphenole (z. B. Flavonoide)	Wirken antioxidativ. Sie können den Zuckerstoffwechsel positiv beeinflussen.

Herz-Kreislauf-Funktion: Wird zu wenig getrunken, wird das Blut dicker, damit werden weniger Nährstoffe und Sauerstoff transportiert. Die Durchblutung wird verschlechtert. Es kommt zum Sauerstoffmangel bis hin zu Konzentrationsstörungen, Kopfschmerzen und Schwindel. Auch der Blutdruck wird erhöht.

Welche Getränke?

Um neben dem Gewicht auch den Blutzucker im Blick zu haben, sollten die Getränke kalorienfrei sein. Daher eignen sich Mineralwasser, Leitungswasser (es hat in vielen Gegenden eine hervorragende Qualität), ungesüßte Früchte- und Kräutertees. Mineralwasser kann aromatisiert werden z. B. mit frischer Minze, Ingwer- oder Zitronenscheiben. Im Sommer können Sie auch noch ein paar gefrorene Beerenfrüchte und Eiswürfel dazugeben. Kaffee sowie schwarzen und grünen Tee besser in Maßen (3–4 Tassen bzw. ca. 500 ml/Tag) trinken, da hier Koffein bzw. Teein enthalten ist.

Säfte liefern durch ihren natürlichen Gehalt an Fruchtzucker und manchmal noch zugesetztem Zucker viele Kohlenhydrate und Kalorien. Außerdem erhöhen diese schnellen Zucker den Blutzuckerspiegel rasch sehr stark. Darauf folgt eine intensive Insulinausschüttung, was wiederum Appetit bewirkt und zu Heißhunger-Attacken führen kann. Hätten Sie's gedacht? Ein Glas Orangesaft hat etwa so viel Zucker und Kalorien wie ein Glas Cola. Säfte, auch als Schorle, besser meiden.

Alkohol hat verschiedene Auswirkungen auf den Stoffwechsel. Der Restzucker in Wein oder der Kohlenhydratanteil im Bier lassen den Blutzucker kurzfristig ansteigen. Darauf folgt in den nächsten Stunden ein gefährlicher Abfall des Blutzuckerspiegels. Daher darf bitte kein Insulin dafür verabreicht werden. Genießen Sie alkoholische Getränke lieber selten und in kleinen Mengen. Dann sind sie für die Blutzuckereinstellung meist ohne größere Probleme zu verkraften.

Haben Sie Hunger oder Durst? Sollten Sie den Unterschied nicht mehr erkennen, und anstatt zum Getränk zu Snacks greifen, füllt dies nicht Ihren Flüssigkeitsbedarf auf und hat obendrein auch noch einen Insulinbedarf zur Folge. Andererseits kann Trinken zur Verringerung von Heißhunger und Appetit führen.

Praxistipps und Überleitung zum Rezeptteil

Nach den vielen Informationen zu den medizinischen und theoretischen Hintergründen zum Thema Low Carb bei Typ-2-Diabetes geht es nun an die praktische Umsetzung.

Folgender Grundsatz zieht sich durch die Empfehlungen: Weniger Getreideprodukte essen, vor allem Vollkornprodukte

Tellerregel: die Mahlzeit richtig zusammenstellen.

bevorzugen. Ein wesentlicher Teil Ihres Speiseplans wird durch deutlich mehr Gemüse, frische Salate und Rohkost bestimmt. In jeder Mahlzeit sollten sich eine Eiweißkomponente sowie wertvolle Fette befinden (siehe Abbildung oben).

Die Tellerregel – sie macht es Ihnen leichter

Mit der sogenannten Tellerregel können Sie relativ leicht trainieren, Ihre Speisen richtig zusammenzustellen. Hier finden Sie Beispiele, die Ihnen für Frühstück, Mittag- und Abendessen zeigen, wie Sie die vorgeschlagenen Mengen an Vitaminen, Mineral- und Ballaststoffen, Eiweiß, Kohlenhydraten und Fett perfekt auf den Teller bekommen, sodass am Ende des Tages alles passt.

Beispiel 1: ½ Teller voll Gemüse + ¼ Teller Eiweißkomponente + ¼ Teller Kohlenhydrate

Beispiel 2: Großer Teller Salat oder Gemüse + Eiweißkomponente (Menge = Größe des Handtellers) + 1 Scheibe Vollkornbrot

Mit einem Schälchen Salat zusätzlich wären die oben stehenden Beispiele die optimalen Kombinationen der Nährstoffe auf Ihrem Teller; sowohl für das Mittag- als auch das Abendessen.

Beispiel für das Frühstück: Hier ist der bunte Anteil auf dem Teller das Obst, 4 EL Flocken-Mischung ohne Zucker + 1 EL Leinsamen + 4 EL Magerquark + 5 EL Joghurt + 1 Stück Obst (klein schneiden). Alles zu einem Müsli vermengen, gut kauen und genießen.

Lust auf Süßes

Wie kann man es hinbekommen, etwas süß schmecken zu lassen, ohne viel Zucker oder andere Kohlenhydratbomben einzusetzen?

Eine Möglichkeit ist die Verwendung von Süßstoff. Allerdings ist sowohl bei chemischen als auch bei natürlichen Süßstoffen (wie Stevia) zu beachten, dass sie zwar kalorienfrei sind, aber noch nicht geklärt ist, ob sie bei übermäßigem Verzehr der Gesundheit schaden. Außerdem besitzen sie eine extreme Süßkraft. Künstliche Süßstoffe können die Insulinproduktion steigern, deshalb sollten Sie selten und in kleinen Mengen damit süßen.

Idealerweise süßen Sie bei Bedarf Ihre Speisen mit einer kleinen Menge Honig oder Agavendicksaft, wie in den Rezepten angegeben. Kleine Mengen deswegen, weil Sie hier die reinen, schnellen Kohlenhydrate haben, die für einen raschen Blutzuckeranstieg und eine intensive Insulinausschüttung verantwortlich sind.

Wenn Sie geringere Mengen an Süßem und Süßungsmitteln verwenden, reagiert Ihr Körper empfindlicher darauf und Sie benötigen immer weniger Süßungsmittel, um den gleichen Geschmackseindruck zu haben.

Bewegung hilft

Körperliche Aktivität hat positive Auswirkungen auf den Blutzuckerspiegel und die Diabeteseinstellung und wird als Therapieergänzung unbedingt empfohlen. Muskelarbeit macht die Zellen insulinempfindlicher und sorgt dafür, dass Zucker auch ohne Insulin in die Zellen transportiert wird. Mit derselben Menge an Insulin können die Zellen also mehr Zucker aufnehmen. Dadurch sinkt der Blutzuckerspiegel. Auch die sogenannte Insulinresistenz kann so durchbrochen werden. Dieser Effekt hält ca. drei Tage an. Für die Praxis bedeutet dies, dass Sie (spätestens) alle drei Tage eine Bewegungs-Einheit einlegen sollten. Welche und in welcher Intensität, besprechen Sie am besten mit Ihrem Arzt und/oder Therapeutenteam.

Das Prinzip der Rezepte

Die Nährwertangeben zu jedem Rezept zeigen Ihnen, dass diese bis auf sehr wenige Ausnahmen nach dem Prinzip »Mehr Eiweiß als Kohlenhydrate« zusammengestellt sind. Damit wenden Sie die Strategie an, die auch Herr Professor Dr. Martin bereits geschildert hat. Sie sorgen dafür, dass Ihr Blutzuckerspiegel moderat ansteigt und der Körper entsprechend weniger Insulin benötigt. Das verhilft zu einer besseren Blutzuckereinstellung und unterstützt sogar noch den Prozess der Fettverbrennung. Außerdem sind die Kohlenhydrate in den Rezepten so ausgewählt, dass sie aus der Sparte der schwer verdaulichen stammen. Sie erhöhen den Blutzuckerspiegel also ebenfalls nur langsam.

Die Rezepte liefern die Energie und die Nährstoffe, die Sie benötigen. Aber keine überflüssigen, leeren Kilokalorien. Somit steht also einer guten Blutzuckereinstellung und einer erfolgreichen Gewichtsreduktion nichts mehr im Wege. Sie werden rasch feststellen, dass Ihr Teller plötzlich sehr bunt wird. Der Gemüseanteil Ihres täglichen Speiseplans wird sich drastisch vergrößern. Das hat gleich mehrere Vorteile. Sie werden durch das erhöhte Nahrungsvolumen gut gesättigt. Der höhere Ballaststoffanteil sorgt für eine gute Verdauung. Und ganz nebenbei versorgen Sie sich mit vielen Vitaminen und Mineralstoffen.

Mit dieser Vielzahl von Rezepten für Ihre drei täglichen Mahlzeiten haben Sie ein optimales Ess-Trainings-Programm. Damit Ihnen dies leichter fällt, finden Sie abwechslungsreiche Frühstücksideen, diverse Gerichte für Mittag- und Abendessen, von vegetarisch über Fisch bis hin zu Fleischgerichten. Wenn Sie Rezepte auswählen, in denen Nudeln oder Reis als Hauptkomponente vorkommen (z. B. die »Indische Reispfanne«, Seite 69 oder das »Wok-Gericht mit Lachs und Kokosmilch«, Seite 92), empfehle ich Ihnen, dieses Gericht zum Mittagessen einzusetzen. Alle anderen Gerichte können Sie ganz nach Appetit oder verfügbarer Zeit variieren.

Die meisten Rezepte sind einfach und schnell zuzubereiten. Manche brauchen, zugegeben, auch mal ein bisschen mehr Zeit, wie das »Mangoldgratin mit Kürbisgnocchi« (Seite 81). Das ist dann eher etwas für das Wochenende. Um unter der Woche Zeit zu sparen, können Sie Speisen auch in einer größeren Menge zubereiten und die übrige Portion am nächsten Tag zur Arbeit mitnehmen oder sie einfrieren. Ein weiterer Vorteil dieser Rezepte: Sie lernen die Kohlenhydratmengen besser einzuschätzen. Alle Mengen sind definiert und berechnet. Dadurch schulen Sie Ihr Augenmaß. Das ist hilfreich beim Essen außer Haus. Zusammenfassend helfen Ihnen die Rezepte auch dabei, auf gute Qualität beim Einkauf Ihrer Lebensmittel und auf einen abwechslungsreichen Speiseplan zu achten. Sie können außerdem »trainieren«, auf sich zu achten, Stress zu reduzieren und sich viel an der frischen Luft zu bewegen. Wenn Sie noch mehr Anregungen haben möchten, finden Sie passende Literatur hinten im Buch.

Freuen Sie sich auf leckere, vielfältige Gerichte mit verführerischen Aromen und Düften.

Rezepte

Für die köstliche und abwechslungsreiche Low-Carb-Küche braucht es gar nicht viel. Lassen Sie sich inspirieren.

FRÜHSTÜCK

Vollkornbrot mit pikantem Quark

Kräuter-Radieschen-Quark

Für 2 Personen • geht schnell
⏲ 15 Min.

250 g Magerquark • 100 ml Mineralwasser mit Kohlensäure • Pfeffer • Salz • ½ Bund Schnittlauch und Petersilie bzw. Kräuter, nach Saison und Geschmack • 50 g Radieschen • 200 g Tomate • 200 g Gurke • 50 g Vollkornbrot (2 kleine Scheiben)

- Den Quark mit Mineralwasser glatt rühren, mit Pfeffer und Salz würzen.
- Die Kräuter waschen, trocken tupfen und fein schneiden.
- Die Radieschen waschen, putzen und ebenfalls sehr fein schneiden.
- Dann den Quark mit den Kräutern und Radieschen vermengen.
- Tomate und Gurke waschen, in Scheiben schneiden und fächerartig anrichten. Den Kräuter-Radieschen-Quark darauf geben.
- Das Vollkornbrot dazu servieren.

Nährwerte pro Portion:
175 kcal • 20 g E • 1 g F • 15 g KH • 1,25 BE • 5 g BS

Brot pikant verfeinert

Paprika-Ricotta-Aufstrich

Für 2 Personen • geht schnell
10 Min.

150 g Ricotta • 200 g Seidentofu • 1 getrocknete Tomate • 1 kleine Paprikaschote • ½ TL Paprikapulver, edelsüß • etwas Pfeffer • 1 Prise Salz • 6 Blätter Basilikum • 2 Tomaten • 2 Scheiben grobkörniges, frisches Vollkornbrot

- Ricotta gut mit dem Seidentofu verrühren. Die getrocknete Tomate sehr fein schneiden und zugeben.

- Die Paprika waschen, putzen und in kleine Würfel schneiden. Zu der Creme geben, mit den Gewürzen abschmecken. Vier Basilikumblätter fein schneiden und unterrühren.

- Die Tomaten anschließend in dünne Scheiben schneiden. Den Aufstrich auf 2 Scheiben Vollkornbrot verteilen, mit je einem Basilikumblatt und einem Tomatenfächer garnieren.

Nährwerte pro Portion:
260 kcal • 15 g E • 13 g • 16 g KH • 1,4 BE • 5 g BS

Lecker und besonders proteinreich

Beeren-Müsli

Für 2 Personen • geht schnell
5 Min.

100 g Sojaflocken • 20 g Leinsamen, geschrotet (2 EL) • 200 g Naturjoghurt, 1,5 % Fett • 100 ml Milch, 1,5 % Fett • 150 g Magerquark • 2 TL Honig • 300 g Beerenfrüchte

- Die Sojaflocken und Leinsamen in eine Schale geben, Milch, Joghurt, Quark und Honig einrühren.

- Die Beerenfrüchte waschen, trocken tupfen, zwei Drittel unterheben und den Rest auf das Müsli streuen.

Tipp Sojaflocken sind der ideale Ersatz für Haferflocken. Sie enthalten nämlich fast keine Kohlenhydrate, dafür aber viermal so viel Eiweiß wie Haferflocken. Da dieses Müsli viele Ballaststoffe enthält, macht es lange satt. Bitte trinken Sie zusätzlich 1 Glas Wasser oder 1 Tasse Tee, damit diese gut quellen können.

Nährwerte pro Portion:
435 kcal • 39 g E • 8 g F • 24 g KH • 2 BE • 17 g BS

Geröstet entfalten die Nüsse ihr Aroma

Knuspriger Nuss-joghurt

Für 2 Personen • geht schnell
15 Min.

2 EL Nuss-Mandel-Mischung • 200 g Kefir, 1,5 % Fett • 200 g Joghurt, 1,5 % Fett • 2 TL Honig • ½ TL Zimt

- Die Nüsse und Mandeln hacken. In einer trockenen Pfanne leicht anrösten und abkühlen lassen.

- Kefir und Joghurt mit dem Honig cremig rühren, den Zimt zugeben, auf zwei Schalen verteilen und die Nussmischung darüberstreuen.

Tipp Die gerösteten Nüsse und Mandeln benötigen Zeit zum Abkühlen. Daher lohnt es sich, sie gleich auf Vorrat zu rösten, sodass Sie genug für zwei bis drei Portionen haben.

Nährwerte pro Portion:
215 kcal • 13 g E • 11 g F • 12 g KH • 1 BE • 2,5 g BS

Der morgendliche Frischekick

Nektarinenquark

Für 2 Personen • geht schnell
15 Min.

300 g Magerquark • 50–100 ml kohlensäurehaltiges Mineralwasser • 1 EL Zitronensaft • 1 TL Honig • 100 g Hüttenkäse • 1 Nektarine • 1 EL geschroteter Leinsamen

- Den Quark mit dem Mineralwasser glatt rühren, den Zitronensaft unterrühren und mit dem Honig süßen.

- Anschließend den Hüttenkäse unterheben.

- Die Nektarine waschen und in Spalten schneiden.

- Den Quark in zwei Schalen geben, den Leinsamen darüberstreuen, zum Schluss die Nektarinenspalten darauf verteilen.

Nährwerte pro Portion:
217 kcal • 29 g E • 3 g F • 16,7 g KH • 1,4 BE • 2,5 g BS

Für ein herzhaftes Frühstück

Zucchini-Pancake

Für 2 Personen • gelingt leicht
30 Min.

Für die Pfannkuchen
40 g Sojamehl • 1 EL Kichererbsenmehl • 2 kleine Eier • 1 Prise Salz • 75 ml Buttermilch • 75 ml Mineralwasser mit Kohlensäure • 1 TL Margarine zum Ausbacken
Für die Füllung
1 Schalotte • 1 EL Rapsöl • 200 g Zucchini • 150 g Tomaten aus der Dose • 75 g Pilze • 100 g Tofu • Pfeffer • Salz

- Für die Pfannkuchen alle Zutaten zu einem glatten Teig verrühren.

- Für die Füllung: die Schalotte schälen und fein würfeln. Die Zucchini waschen und würfeln. Die Pilze mit Küchenkrepp säubern. Tofu in Würfel schneiden. Die Schalotte in einer Pfanne mit Öl glasig dünsten. Zucchini und Pilze kurz mitbraten.

- Tomaten und Tofu zugeben, würzen und 5 Min. köcheln lassen. Aus dem Teig zwei Pfannkuchen in Öl ausbacken, dann füllen.

Nährwerte pro Portion:
300 kcal • 27 g E • 17 g F • 8 g KH • 0,7 BE • 11 g BS

Beeren machen gute Laune

Heidelbeer-Cremespeise

Für 2 Personen • geht schnell
10 Min.

100 ml Sojamilch • 400 g Seidentofu • 1 EL Zitronensaft • 1 EL Honig • 160 g Heidelbeeren • 40 g Himbeeren • 40 g Erdbeeren • 2 Holzspieße

- Die Sojamilch mit dem Seidentofu, Zitronensaft und Honig mit dem Pürierstab verrühren.

- Die Beerenfrüchte vorsichtig abbrausen und abtropfen lassen.

- Von den Beerenfrüchten je zwei Stück beiseitelegen, die restlichen mit einer Gabel zerdrücken und unterrühren.

- Die Cremespeise anschließend auf zwei Gläser verteilen.

- Die Beerenfrüchte abwechselnd auf den Spieß schieben und zu jedem Glas servieren.

Nährwerte pro Portion:
165 kcal • 13 g E • 6 g F • 14 g KH • 1,2 BE • 6 g BS

» Heidelbeer-Cremespeise

Ein Klassiker mal anders

Eier im Glas

Für 2 Personen • gelingt leicht
25 Min.

4 Eier • 2 Scheiben Kochschinken • 1 Scheibe roher Schinken • 4 Cornichons • 12 Kirschtomaten • 2 Hände Feldsalat oder Rucola • 2 EL Schnittlauch • 1 EL Zitronensaft • 2 EL Olivenöl • Pfeffer • Salz

- Die Eier in 5 Min. weich kochen, abschrecken und pellen. Den Schinken in ca. 1 ½ cm große Stücke, die Cornichons in feine Scheiben schneiden.

- Die Kirschtomaten halbieren. Den Pflücksalat waschen, trocknen und zerpflücken. Zitronensaft, Öl, Pfeffer und Salz verrühren und den Salat damit anmachen.

- Den Salat auf zwei Schälchen verteilen, die Hälfte der Zutaten darauf legen. Je 2 Eier in die Mitte eines Schälchens setzen, die restlichen Zutaten um sie herum anrichten. Schnittlauch darüberstreuen.

Nährwerte pro Portion:
320 kcal • 21 g E • 24 g F • 3 g KH • 0,3 BE • 1 g BS

Besonders schmackhaft

Kräuteromelett mit Ziegenkäse

Für 2 Personen • gelingt leicht
25 Min.

1 Bund Kräuter • 1 Schalotte • 2 Eier • 50 ml Milch, 1,5 % Fett • Pfeffer • Salz • 1 EL Rapsöl • 50 g Ziegenkäse-Rolle

- Die Kräuter waschen, trocken tupfen und fein hacken.

- Die Eier in einer Schüssel schaumig schlagen, die Milch zugeben, mit Pfeffer und Salz würzen, die gehackten Kräuter unterheben.

- Die Schalotte schälen, in feine Würfel schneiden. Das Öl in einer Pfanne erhitzen, die Schalotte darin glasig dünsten.

- Die Eiermasse in die Pfanne geben und bei kleiner Hitze stocken lassen. Einmal wenden.

- Anschließend den Ziegenkäse auf das Omelett krümeln, einen Deckel auf die Pfanne setzen und den Käse ca. 5 Min. bei wenig Hitze zerlaufen lassen.

Nährwerte pro Portion:
320 kcal • 19 g E • 24 g F • 4 g KH • 0,5 BE • 2 g BS

» Kräuteromelett mit Ziegenkäse

Frühstückvariation mit Eiern

Pikant gefüllte Eier

Für 2 Personen • gelingt leicht

25 Min.

3 Eier • 200 g Magerquark • 50–100 ml kohlensäurehaltiges Mineralwasser • 2–3 TL Senf • ½ Bund Kerbel • Pfeffer, Salz • 2 Tomaten • 1 kleinen Kopfsalat • 2 TL Zitronensaft • 2 TL Olivenöl

- Eier hart kochen, halbieren und das Eigelb in ein Schälchen geben.
- Den Quark mit dem Mineralwasser glatt rühren; Senf, Pfeffer, Salz, fein gehackten Kerbel unterrühren; das Eigelb hineinbröseln und unterheben.
- Den Salat waschen, zerpflücken und auf zwei Tellern verteilen.
- Die Tomaten in Scheiben schneiden und dazugeben. Mit Zitronensaft und Öl beträufeln, salzen und pfeffern.
- Je drei Eihälften daraufsetzen und mit dem Senfquark füllen.

Nährwerte pro Portion:

270 kcal • 26 g E • 14 g F • 4 g KH • 0,5 BE • 2 g BS

Lecker und sättigend

Raffinierter Eiersalat

Für 2 Personen • gelingt leicht

30 Min.

1 Schalotte • 1 EL Rapsöl • 50 g rote Linsen • 150 ml Gemüsebrühe • 2 Eier • 100 g Naturjoghurt, 1,5 % Fett • 25 g saure Sahne • ¼ TL Curry • Pfeffer • Salz • ¼ Bund Schnittlauch • 2 Stiele glatte Petersilie • 1 Karotte • 1 Stange Sellerie • ¼ Gurke • 1 kleine rote Paprikaschote

- Schalotte fein würfeln und in dem Öl glasig dünsten. Die Linsen unterheben, mit Brühe aufgießen, den Deckel schließen und bei niedriger Temperatur gar ziehen lassen.
- Eier hart kochen, abschrecken, pellen und abkühlen lassen. Joghurt und saure Sahne verrühren, mit Curry, Pfeffer und Salz würzen. Die Kräuter hacken, unter den Joghurt mischen und kurz ziehen lassen.
- Das Gemüse waschen, putzen und in längliche Streifen schneiden. Die Eier fein würfeln. Mit den Linsen unter die Joghurtcreme heben. Die Gemüsesticks dazu servieren.

Nährwerte pro Portion:

250 kcal • 14 g E • 14 g F • 8 g KH • 0,7 BE • 6 g BS

Ein Klassiker aus dem Norden

Rührei mit Nordseekrabben

Für 2 Personen • geht schnell
10 Min.

4 Eier • 50 ml Milch • 1 Schuss kohlensäurehaltiges Mineralwasser • Pfeffer • Salz • 1 EL Rapsöl • 4 große Salatblätter • 2 Tomaten • 100 g Nordseekrabben • 2 Kresse-Sträußchen

- Eier mit Milch und Mineralwasser verquirlen, mit Pfeffer und Salz würzen.

- Öl in einer Pfanne erhitzen, das Rührei hineingeben und bei kleiner Hitze stocken lassen. Das Ei vorsichtig vom Rand lösen und ein wenig nach innen schieben.

- Dann die Hälfte der Krabben auf dem Rührei verteilen, damit sie warm werden.

- Salatblätter kalt abbrausen, trocken tupfen und auf zwei Teller verteilen. Tomate waschen, in Scheiben schneiden und auf den Salat legen.

- Das fertige Rührei auf den Salat geben. Die restlichen Krabben auf dem Rührei verteilen, mit Kresse garnieren.

Nährwerte pro Portion:
290 kcal • 25 g E • 19 g F • 4 g KH • 0,4 BE • 1 g BS

Verboten lecker

Lachs mit Meerrettichquark

Für 2 Personen • gelingt leicht
20 Min.

250 g Magerquark • 100 ml kohlensäurehaltiges Mineralwasser • 1 Schalotte • Pfeffer • Salz • 3 TL Meerrettich • 6 Scheiben geräucherten Lachs • ½ Salatgurke

- Quark mit Mineralwasser glatt rühren, mit Pfeffer und Salz würzen.

- Die Schalotte schälen und in sehr feine Würfel schneiden. Zu dem Quark geben. Den Meerrettich unterrühren.

- Den Quark noch einmal abschmecken. Aber Vorsicht: Da der Lachs salzig ist, sollte der Meerrettichquark nicht stark gesalzen werden.

- Die Gurke waschen, schälen und in Scheiben schneiden.

- Den Lachs, die Gurkenscheiben und den Meerrettichquark auf Tellern anrichten und servieren.

Tipp Statt Lachs können Sie auch Putenbrust oder Kochschinken ohne Fettrand verwenden.

Nährwerte pro Portion:
230 kcal • 31 g E • 8 g F • 5 g KH • 0,5 BE • 2 g BS

SUPPEN

Supercremig auch ohne Sahne

Kürbis-Curry-Suppe mit Garnelen

Für 2 Personen • exotische Zutaten

25 Min.

600 g Hokkaidokürbis • 100 g Lauch • 2 Knoblauchzehen • 3 cm Ingwer • 1½ EL Rapsöl • 1 TL Curry • 300 ml Gemüsebrühe • 200 ml Milch (1,5 % Fett) • Pfeffer • Salz • 6 Garnelen • 2 Knoblauchzehen • 1 Chilischote • 1 TL Rapsöl

- Kürbis waschen, achteln, Kern entfernen und in Würfel, Lauch in Streifen schneiden. Ingwer und Knoblauch schälen und würfeln.

- Öl in einem Topf erhitzen, Kürbis mit Lauch, Knoblauch, Ingwer und Curry andünsten, Brühe und Milch zugeben. Deckel schließen und ca. 12 Min. köcheln lassen.

- Garnelen im Rücken längs einschneiden, Darm herausziehen, kalt abbrausen, trocken tupfen. Knoblauch schälen und mit dem Chili in feine Streifen schneiden. Öl in der Pfanne erhitzen und alles darin ca. 5 Min. braten.

- Suppe pürieren, mit Pfeffer und Salz würzen und mit den Garnelen servieren

Nährwerte pro Portion:

280 kcal • 19 g E • 14 g F • 5 g KH • 0,4 BE • 5 g BS

Die Nockerln machen diese Gemüsesuppe gehaltvoller

Gazpacho mit Basilikum-Quarknockerln

Für 2 Personen • braucht etwas mehr Zeit

45 Min.

- 3 Tomaten
- 1 kleine Dose Tomaten (250 ml)
- ⅛ Liter Tomatensaft
- ½ Salatgurke
- 1 rote Paprika
- 1 rote Zwiebel
- 2 Knoblauchzehen
- 2 EL Olivenöl
- 1 EL Essig
- 100 ml Gemüsebrühe
- 1 Prise Zucker
- Pfeffer, Salz
- 1 kleine gelbe Paprika
- 1 Topf mit Salzwasser
- 150 g Magerquark
- 1 Ei
- einige Spritzer Zitronensaft
- 30 g geriebener Parmesan
- 30 g Kichererbsenmehl
- 2 Stiele Basilikum
- 1 Prise Muskatnuss

● Die Tomaten oben kreuzweise einschneiden, mit heißem Wasser überbrühen, kurz abschrecken, schälen, achteln und die Kerne entfernen. Die rote Paprika in Stücke schneiden. Gurke, Zwiebel und Knoblauch schälen und würfeln.

● Das vorbereitete Gemüse, Tomaten und Tomatensaft in einem hohen Gefäß cremig pürieren. Öl, Essig, Gemüsebrühe, Zucker und Gewürze zugeben, den Pürierstab dabei weiterlaufen lassen. Evtl. noch einmal mit Pfeffer und Salz abschmecken und anschließend kühl stellen.

● Die gelbe Paprika in sehr feine Würfel schneiden.

● Für die Nockerln den Quark gut abtropfen lassen. Dann mit Ei, Zitronensaft, geriebenem Parmesan und Kichererbsenmehl mischen. Mit den Gewürzen abschmecken. Das Basilikum sehr fein schneiden und unterheben. Die Masse ca. 5 Min. ziehen lassen.

● Sobald das Salzwasser kocht, die Platte ausstellen, von der Quarkmasse mit zwei Teelöffeln Nockerln abstechen, in das Wasser geben und 10 Min. ziehen lassen. Nockerln herausheben und auf einem Teller abkühlen lassen.

● Die Gazpacho auf zwei Teller verteilen, die abgekühlten Nockerln hineinsetzen, mit den gelben Paprikawürfeln bestreuen.

Nährwerte pro Portion:

445 kcal • 29 g E • 15 g F • 10 g KH • 1 BE • 12 g BS

Eine richtig sättigende Suppe

Minestrone mit Fleischklößchen

Für 2 Personen • gelingt leicht
35 Min.

Für die Suppe
- 1 große Karotte
- 2 Stangen Bleichsellerie
- 100 g Petersilienwurzel
- 100 g Topinambur
- 100 g Hokkaidokürbis
- 100 g Kartoffeln
- 2 Tomaten
- 2 EL Rapsöl
- 350 ml Gemüsebrühe
- Muskat
- Pfeffer, Salz
- 1 ½ EL Kräuter der Saison

Für die Fleischklößchen
- ¼ Liter Gemüsebrühe
- 100 g Putenbrust
- 1 EL kaltes Wasser
- Pfeffer
- Salz
- ¼ Bund Schnittlauch
- 1 EL Basilikum und Thymian

Die Putenbrust in einem Gefrierbeutel ca. 30 Min. ins Gefrierfach des Kühlschranks legen.

Für die Suppe das Gemüse waschen und putzen. Karotten, Petersilienwurzel und Topinambur schälen und mit dem ungeschälten Kürbis in gleich große Würfel schneiden. Bleichsellerie in ca. ½ cm dicke Scheiben schneiden.

Die Tomaten oben kreuzweise einschneiden, mit heißem Wasser überbrühen, abschrecken, schälen, achteln und Kerne entfernen.

Das Öl im Topf erhitzen, das Gemüse rundherum andünsten und mit der Brühe aufgießen, kurz aufkochen. Gewürze zugeben, den Deckel schließen und ca. 5–8 Min. bei kleiner Hitze köcheln lassen. Die frischen Kräuter der Saison hacken und für die Garnitur beiseitestellen.

Für die Herstellung der Klößchen die Brühe zum Kochen bringen. Dann die Kochplatte ausschalten.

Die Putenbrust zusammen mit 1 EL kaltem Wasser pürieren. Die Kräuter sehr fein hacken und zur Putenfarce geben. Mit Pfeffer und Salz würzen. Mit einem Teelöffel Klöße abstechen, in die Brühe geben und 4 Min. gar ziehen lassen.

Die Minestrone auf zwei Teller verteilen, die Fleischklößchen einsetzen, mit den Saisonkräutern bestreuen.

Nährwerte pro Portion:
320 kcal • 21 g E • 17 g F • 12 g KH • 1 BE • 20 g BS

Eine ideale leichte Mahlzeit

Karottencremesuppe mit Bruschetta

Für 2 Personen • preisgünstig
30 Min.

600 g Karotten • 100 g Zwiebel • 2 Knoblauchzehen • 3 cm Ingwer • 1 EL Rapsöl • Salz, Pfeffer • 300 ml Gemüsebrühe • 100 ml Milch (1,5 % Fett) • 1 EL gehackte Petersilie

Für die Bruschetta

4 Scheiben Ciabatta • 200 g Tomaten • 1 Zwiebel • 70 g Mozzarella • 2 Knoblauchzehen • 4 Stiele Basilikum • 1 TL Olivenöl

- Karotten, Zwiebeln, Knoblauch und Ingwer schälen und in Würfel schneiden. Alles im Öl dünsten. Mit Pfeffer und Salz würzen, mit Brühe ablöschen und zugedeckt ca. 8 Min. köcheln lassen. Milch zugeben und alles pürieren. Ciabatta-Brot kurz rösten.

- Tomaten und Mozzarella würfeln. Zwiebel und Knoblauch schälen und fein würfeln. Basilikum fein schneiden. Alles mit Öl mischen und mit Pfeffer und Salz würzen, dann auf das Ciabatta geben.

- Zuletzt die Suppe mit der Petersilie bestreuen.

Nährwerte pro Portion:
450 kcal • 19 g E • 18 g F • 22 g KH • 1,8 BE • 14 g BS

Das Gemüse können Sie frei variieren

Gemüsesuppe »quer durch den Garten«

Für 2 Personen • gelingt leicht
45 Min.

1 Zwiebel • ½ Stange Lauch • 2 Karotten • 2 mittelgroße Kartoffeln • 1 Kohlrabi • 100 g Rosenkohl • ¼ Wirsing • 6 Stangen Bleichsellerie • ½ Bund Petersilie • 1 EL Rapsöl • ¾ Liter Gemüsebrühe • 200 g Räuchertofu • Pfeffer • Salz

- Zwiebel schälen und in Würfel schneiden. Lauch halbieren, erneut gründlich waschen und in Streifen schneiden. Karotten, Kartoffeln und Kohlrabi schälen und in ca. gleich große Würfel schneiden. Wirsing und Bleichsellerie in Streifen schneiden. Die Petersilie von den Stielen zupfen und fein hacken.

- Das Öl in einem großen Topf erhitzen. Zwiebel und Lauch andünsten. Kartoffeln, Wirsing und Kohlrabi unterrühren. Mit Brühe ablöschen und ca. 15 Min. köcheln lassen. Bleichsellerie und Karotten zugeben und weitere 10 Min. mitgaren.

- Den Tofu in Würfel schneiden und in der Suppe warm ziehen lassen. Alles mit Pfeffer und Salz würzen und mit Petersilie bestreuen.

Nährwerte pro Portion:
380 kcal • 27 g E • 13 g F • 15 g KH • 1,25 BE • 16 g BS

Schmeckt nach Urlaub am Meer

Französische Fischsuppe

Für 2 Personen • gelingt leicht
35 Min.

160 g Rotbarschfilet • 160 g Lachsfilet • 100 g Garnelen (küchenfertig) • 2 Karotten • 1 Fenchelknolle • 2 rote Spitzpaprika • 2 Frühlingszwiebeln • 1 EL Öl • 500 ml Fischbrühe (oder Gemüsebrühe) • 1 Msp. Safran • Meersalz • Pfeffer • 1 Lorbeerblatt

- Fisch in Stücke schneiden und mit den Garnelen kurz in sprudelndem Salzwasser blanchieren. Mit der Schaumkelle herausheben.

- Karotten schälen und in dünne Scheiben schneiden. Das Fenchelgrün zum Dekorieren beiseitelegen, Fenchelknolle vierteln, den Strunk entfernen, in dünne Scheiben schneiden. Paprika in Streifen, Frühlingszwiebeln in Ringe schneiden.

- Das Gemüse in einem großen Topf in Öl anbraten, mit Fischbrühe aufgießen. Gewürze und Lorbeerblatt zugeben und mit geschlossenem Deckel ca. 4 Min. garen. Fisch und Garnelen zugeben, alles 5 Min. ziehen lassen.

Nährwerte pro Portion:
455 kcal • 46 g E • 19 g F • 4 g KH • 0,4 BE • 10 g BS

Ein exquisiter Genuss

Provenzalischer Muscheltopf

Für 2 Personen • braucht etwas mehr Zeit
45 Min.

500 g Miesmuscheln • 100–200 ml Wasser • 1 Zwiebel • 2 Knoblauchzehen • 150 g Stangensellerie • 200 g Fenchel • 150 g Karotten • 200 g Kartoffeln • 1 EL Rapsöl • 1 TL Mehl • 30 g Schinkenspeckwürfel • 50 ml trockener Weißwein • 1 Zweig Thymian • 2 Blätter Salbei • 1 Zweig Oregano • Salz • Pfeffer • 100 ml Fischfond • 2 TL Sauerrahm (10 % Fett)

- Muscheln waschen und putzen. Wasser und Muscheln in einen großen Topf geben. Deckel schließen und Muscheln ca. 5–8 Min. garen, bis sie sich öffnen. Den Sud auffangen. Ungeöffnete Muscheln entfernen, alle anderen aus der Schale nehmen. Zwiebel, Knoblauch und Gemüse schälen, würfeln, mit Schinkenspeck in Öl anbraten und mit Mehl bestäuben. Dann mit Wein ablöschen, Sud und Fond zugeben. Kurz köcheln lassen, Muscheln unterheben und vom Herd nehmen. Mit Pfeffer und evtl. Salz würzen, Kräuter zugeben, Sauerrahm unterheben.

Nährwerte pro Portion:
418 kcal • 36 g E • 14 g F • 20 g KH • 2 BE • 7 g BS

» Provenzalischer Muscheltopf

VEGETARISCHE GERICHTE

Mit Vollkorn- statt Risotto-Reis

Spinat-Risotto

Für 2 Personen • gelingt leicht
30 Min.

80 g Vollkornreis • 1 Zwiebel • 2 Knoblauchzehen • 1 EL Rapsöl • 2 getrocknete Tomaten • 500 g Blattspinat (TK, aufgetaut) • 250 g Kirschtomaten • schwarzer Pfeffer • 1 EL Pinienkerne • Salz • 40 g Parmesan

- Den Reis in der doppelten Menge Salzwasser oder Gemüsebrühe bei kleiner Hitze garen, abgießen und warm stellen.

- In der Zwischenzeit Zwiebeln und Knoblauch schälen, in feine Würfel schneiden und in einer tiefen Pfanne im Öl anbraten. Getrocknete Tomaten in feine Streifen schneiden und zugeben. Den Spinat und die Kirschtomaten zugeben und ca. 10 Min. dünsten. Dann mit Pfeffer und Salz würzen.

- Den Parmesan reiben. Die Hälfte davon unter den gegarten Reis heben. Auf zwei vorgewärmte Teller verteilen, mit den Pinienkernen und dem restlichen Parmesan bestreuen.

Nährwerte pro Portion:
350 kcal • 20 g E • 14 g F • 29 g KH • 2,5 BE • 8 g BS

Voller sekundärer Pflanzenstoffe

Bunter Salat mit gebratenem Schafskäse

Für 2 Personen • gelingt leicht
30 Min.

1 kleiner Eisbergsalat • 1 Bauerngurke • 1 rote Paprika, 1 gelbe Paprika • 75 g braune Champignons • 10 Oliven • ½ Bund Frühlingszwiebeln • 1 EL Petersilie • ½ Bund Schnittlauch • 150 g Schafskäse, fettreduziert • 20 Kirschtomaten • 1 EL Öl

Für das Dressing

3 EL Balsamicoessig • 3 EL Gemüsebrühe • Meersalz • Pfeffer • 1 TL Senf • 1 EL Olivenöl

- Salat und Gemüse putzen und klein schneiden. Champignons vierteln. Frühlingszwiebeln und Schnittlauch in feine Ringe schneiden. Petersilie hacken. Alles vermischen. Essig mit Brühe, Senf, Salz und Pfeffer verrühren, Öl unterschlagen, dann vorsichtig unter den Salat heben.

- Den Schafskäse vierteln und in heißem Öl bei mittlerer Hitze mit den Tomaten ca. 5 Min. braten, bis sie leicht aufplatzen.

Nährwerte pro Portion:

430 kcal • 19 g E • 30 g F • 6 g KH • 0,5 BE • 10 g BS

« Bunter Salat mit gebratenem Schafskäse

Auch lecker mit Brokkoli

Überbackener Blumenkohl

Für 2 Personen • gelingt leicht
45 Min.

600 g Blumenkohl • 1 TL Rapsöl für die Auflaufform • 150 ml Gemüsebrühe • 150 ml Milch (1,5 % Fett) • 1 TL Kartoffelstärke • 50 ml kaltes Wasser • Salz • Pfeffer • 1 Prise Muskat • Worcestershiresauce • 1 TL Senf • 2 Eigelbe • 1 EL Petersilie • 40 g Cheddar • 40 g Edamer • 150 g Drillinge

- Die Kartoffeln in Salzwasser garen. Den Blumenkohl bissfest garen. Eine Auflaufform mit 1 TL Öl auspinseln und den Blumenkohl hineingeben. Den Backofen auf 200 °C vorheizen.

- Brühe und Milch erhitzen. Kartoffelstärke in kaltem Wasser anrühren. Sobald die Brühe zu kochen beginnt, Stärke einrühren, kurz aufkochen lassen, dann Hitze reduzieren. Käse reiben und darin schmelzen. Die Gewürze, Worcestershiresauce und Senf zugeben und abschmecken. Das Eigelb unterziehen.

- Sauce über den Blumenkohl geben und im Ofen goldgelb backen. Mit Kartoffeln anrichten und mit Petersilie bestreuen.

Nährwerte pro Portion:

410 kcal • 27 g E • 21 g F • 20 g KH • 1,7 BE • 11 g BS

Unbedingt im Tajine-Topf servieren!

Marokkanischer Gemüsetopf

Für 2 Personen • exotische Zutaten

50 Min.

- 2 EL Rapsöl
- 2 cm Ingwer
- 2 Knoblauchzehen
- 2 Kardamomkapseln
- 1 Msp. Kurkuma
- 1/4 TL Curry
- 1 Prise Zimt
- 1 Msp. Kreuzkümmel
- 1 Msp. Koriander
- 1 Msp. Cayennepfeffer
- 1 Prise Salz
- 1 EL Zitronensaft
- 100 ml Gemüsebrühe
- 200 g Hokkaidokürbis
- 200 g Karotten
- 200 g Kohlrabi
- 300 g Topinambur
- 1 Lauchstange
- 1 TL Rosinen
- je 1/4 Bund glatte Petersilie und frischer Koriander

- Zunächst ein »Aromaöl« herstellen. Dafür das Öl in einem kleinen Topf oder einer Pfanne leicht erwärmen. Ingwer und Knoblauch schälen, Ingwer in das Öl raspeln, Knoblauch in das Öl pressen.

- Die Kardamomkapseln in das Öl legen und leicht andrücken. Alle weiteren Gewürze in das Öl einrühren. Das Aromaöl erhitzen. Mit dem Zitronensaft und der Gemüsebrühe angießen und noch etwas ziehen lassen.

- Backofen auf 200 °C vorheizen.

- Kürbis, Gemüse, Topinambur waschen und putzen.

- Karotten, Kohlrabi, Kürbis und Topinambur schälen und in mundgerechte Stücke schneiden. Lauch halbieren und in ca. 2 cm lange Stücke schneiden.

- Alles miteinander vermischen und in eine Tajine oder Auflaufform geben. Die Rosinen in das Aromaöl einrühren und dies über die Auflaufform gießen, den Deckel schließen und ca. 30 Min. im Backofen garen.

- Die Kräuter waschen und trocken tupfen, die Blättchen von den Stielen zupfen, hacken und vor dem Servieren über das Gemüse streuen.

Tipp Im traditionellen Tajine wird das Gemüse schonend dampfgegart.

Nährwerte pro Portion:
280 kcal • 10 g E • 13 g F • 10 g KH • 0,8 BE • 8 g BS

Pikante und schmackhafte Creme

Mediterrane Kräutercreme mit Rohkost

Für 2 Personen • braucht etwas mehr Zeit

40 Min.

Für die Creme
- 100 g Magerquark
- 200 g Seidentofu
- 1 TL Olivenöl
- 5 grüne Oliven ohne Stein
- 5 schwarze Oliven ohne Stein
- 1 Knoblauchzehe
- ½ Bund Schnittlauch
- 2 Stiele Basilikum
- 10 g Sonnenblumenkerne
- 10 g Sesam
- Pfeffer
- Salz
- 4 Scheiben Vollkorn-baguette

Für die Rohkost
- 2 große Karotten
- 2 mittelgroße Kohlrabis
- 1 EL Zitronensaft
- 1 EL Essig
- 1 EL Rapsöl

● Sonnenblumenkerne und Sesam in der trockenen Pfanne kurz anrösten und abkühlen lassen.

● Den Knoblauch schälen. Dann Oliven, Knoblauch, Sonnenblumenkerne und Sesam pürieren.

● Quark, Seidentofu und Olivenöl cremig rühren, das Püree dazugeben, mit den gehackten Kräutern abschmecken.

● Karotten und Kohlrabis schälen und fein raspeln, mit Zitronensaft, Öl, Pfeffer und Salz vermischen.

● Entweder frisches Baguette nehmen oder das Baguette im Ofen aufbacken.

● Die Rohkost mit der Creme und dem knusprigen Baguette servieren.

Tipp Ideal zum Mitnehmen ins Büro als Lunch im Glas. Einfach die Creme und die Rohkost in zwei Schraubgläser oder kleine Einmachgläser mit Klippverschluss füllen, das Brot in Folie verpacken und fertig ist ein feines Mittagessen.

Nährwerte pro Portion:
400 kcal • 22 g E • 20 g F • 17 g KH • 1,5 BE • 7 g BS

» Mediterrane Kräutercreme

Hier ist Mozzarella der Eiweiß-Kick

Taboulé mit Mozzarella-Kugeln

Für 2 Personen • gut vorzubereiten

35 Min. plus Ziehzeit

Für das Taboulé
- 50 g Couscous
- 80–100 ml Gemüsebrühe
- 300 g Tomaten
- ½ Salatgurke
- 2 Frühlingszwiebeln
- 1 Bund glatte Petersilie
- 6 frische Minze Blätter
- 200 g Mozzarella-Kugeln, fettarme Variante

Für das Dressing
- 3 EL Zitronensaft
- Pfeffer
- Meersalz
- 1 EL Olivenöl
- 1 EL Rapsöl
- Zitronenabrieb

- Den Couscous mit der Gemüsebrühe übergießen, darin quellen lassen (ca. 5–10 Min.) und immer wieder einmal umrühren. Abkühlen lassen.
- Tomaten, Gurke, Frühlingszwiebeln und Petersilie waschen und putzen. Die Tomaten entkernen und in kleine Würfel schneiden.
- Die Gurke schälen, vierteln, Kerne entfernen und in ebenso große Stücke schneiden wie die Tomaten.
- Frühlingszwiebeln in feine Ringe schneiden.
- Die Petersilie und die Minze von den Stielen zupfen und in feine Streifen schneiden.
- Alle Zutaten in einer Schüssel gut miteinander vermischen.
- Für das Dressing alle Zutaten in der Reihenfolge miteinander verrühren und unter den Salat mengen.
- Den Zitronenabrieb ebenfalls unterheben.
- Den Salat abgedeckt im Kühlschrank ziehen lassen. Mindestens 15 Min., besser 2 Stunden.
- Vor dem Servieren noch einmal mit Pfeffer und Salz abschmecken.

Nährwerte pro Portion:
445 kcal • 26 g E • 23 g F • 20 g KH • 1,7 BE • 4 g BS

Geht flott mit Instant-Couscous

Gemüse-Couscous mit Joghurt-Minzsauce

Für 2 Personen • gelingt leicht

25 Min.

125 g Couscous (Instant) • 250 ml Gemüsebrühe • 1 EL Rapsöl • 2 cm Ingwer • 1 kleine rote Zwiebel • 1 Knoblauchzehe • je 100 g rote und grüne Paprika • 200 g Zucchini • 100 ml Gemüsebrühe • 150 g Joghurt, 1,5 % Fett • 2 EL Zitronensaft • Salz, Pfeffer • 1 Msp. Chili • 1 EL gehackte Minze • 1 EL gehackte glatte Petersilie

- Die Brühe aufkochen und über den Couscous gießen, verrühren und ca. 5–10 Min. quellen lassen.
- Ingwer, Zwiebel und Knoblauch schälen und in sehr kleine Würfel schneiden. Paprika und Zucchini ebenso. Ingwer und Zwiebeln im Öl andünsten, Gemüse und Knoblauch hinzugeben, mit der Brühe ablöschen und alles ca. 8–10 Min. dünsten. Dann mit Couscous mischen, Petersilie darüberstreuen.
- Joghurt mit Zitronensaft, Gewürzen und Minze verrühren und dazu reichen.

Nährwerte pro Portion:

315 kcal • 15 g E • 10 g F • 25 g KH • 2,5 BE • 10 g BS

« Gemüse-Couscous mit Joghurt-Minzsauce

Tofu mit zartem Basilikumgeschmack

Gebratener Tofu auf Tomatencarpaccio

Für 2 Personen • gelingt leicht

15 Min., 2 Std. Marinierzeit

200 g Tofu • 2 EL Rapsöl • 2 EL Basilikum • 2 Salatherzen • 400 g Tomaten • 1 EL Olivenöl • Pfeffer • Salz

- Tofu in ca. ½ cm dicke Scheiben schneiden.
- Basilikum hacken. Mit dem Rapsöl mischen und den Tofu darin für ca. 2 Stunden einlegen.
- Salatblätter vom Strunk lösen, waschen und trocken tupfen. Tomaten waschen und in Scheiben schneiden.
- Auf zwei Tellern zunächst die Salatblätter, darauf dann die Tomatenscheiben verteilen. Mit Pfeffer und Salz würzen. Das Olivenöl darüberträufeln.
- Die Tofuscheiben in dem Öl, in das sie eingelegt waren, in einer Pfanne braten, mit Pfeffer und Salz würzen und auf den Tomatenscheiben anrichten.

Nährwerte pro Portion:

220 kcal • 12 g E • 15 g F • 1 g KH • 0 BE • 5 BS

Parmesan: fettarm, aber Geschmack

Bunter Gemüseauflauf

Für 2 Personen • gelingt leicht
40 Min. plus 25 Min. Backzeit

350 g Karotten • 300 g Kohlrabi • 2 Frühlingszwiebeln • 1 EL Rapsöl • 100 ml Gemüsebrühe • 100 g Erbsen (TK-Ware oder Dose) • 3 Eier • 250 ml Milch (1,5 % Fett) • Paprikapulver, edelsüß • Pfeffer • Salz • Muskatnuss • ½ Bund Schnittlauch • ½ Bund Petersilie • 50 g Parmesan

- Karotten und Kohlrabi schälen und in kleine Stücke schneiden. Frühlingszwiebel in Ringe schneiden. Öl in einem Topf erhitzen, Frühlingszwiebel glasig dünsten. Gemüse und Erbsen zugeben, ebenfalls kurz andünsten. Brühe angießen. Mit Deckel ca. 10 Min. garen.

- Eier, Milch und Gewürze verquirlen. Petersilie von den Stielen zupfen und hacken. Schnittlauch in Röllchen schneiden. Die Kräuter zu der Eiermilch geben.

- Ofen auf 200 °C vorheizen. Das Gemüse in eine Auflaufform geben, Eiermilch darübergießen. Bei 190 °C 30 Min. stocken lassen. Weitere 5 Min. mit Parmesan im Ofen überbacken.

Nährwerte pro Portion:
450 kcal • 33 g E • 19 g F • 13 g KH • 1 BE • 12 g BS

Ein erlesenes Gericht

Vegetarische Frikadellen auf Austernpilzen

Für 2 Personen • braucht etwas mehr Zeit
40 Min.

75 g Couscous • 150 ml Gemüsebrühe • 60 g Magerquark • 1 kleines Ei • 1½ EL Kichererbsenmehl • Pfeffer • Salz • ½ TL Curry • 1 Prise Cayennepfeffer • 1 Karotte • 1 Stange Bleichsellerie • 1 kleine Zucchini • ½ Bund Schnittlauch • 2 EL Rapsöl • 2 Frühlingszwiebeln • 400 g Austernpilze

- Brühe erhitzen und Couscous darin quellen lassen, dann abkühlen lassen. Quark mit Ei, Kichererbsenmehl und Gewürzen verrühren. Gemüse fein würfeln. Schnittlauch klein schneiden. Zusammen mit dem Couscous unter den Quark rühren. Frikadellen formen und im heißen Öl von beiden Seiten goldgelb braten.

- Frühlingszwiebeln in Ringe schneiden, im Öl anbraten. Die Pilze zerteilen, putzen und ca. 5 Min. mitbraten. Mit Pfeffer und Salz würzen.

Nährwerte pro Portion:
415 kcal • 29 g E • 15 g F • 29 g KH • 2,5 BE • 11 g BS

» Vegetarische Frikadellen auf Austernpilzen

Goldgelb und luftig-leicht

Spinat-Ziegenkäse-Soufflé mit Eichblattsalat

Für 2 Personen • anspruchsvoll

45 Min.

- 1 TL Rapsöl
- 250 g junger Blattspinat
- Salz
- Pfeffer
- 1 EL Rapsöl
- 1 Schalotte
- 2 Knoblauchzehen
- 1 EL Mehl
- 1 Msp. Cayennepfeffer
- 1 Msp. Curry
- 125 ml Milch (1,5 % Fett)
- 100 g weicher Ziegenkäse
- 2 EL Parmesan
- 2 Eier
- 1 Eiweiß
- 1 Eichblattsalat
- 1 Salatherz
- 1 EL mittelscharfer Senf
- 1 TL Honig
- 1 TL Sauerrahm
- 2 EL weißer Balsamico-Essig
- 2 EL Gemüsebrühe
- Pfeffer und Salz
- 1 EL Walnussöl

• Spinat in einen Topf geben, mit Salz und Pfeffer würzen und ca. 8 Min. garen, abkühlen lassen, in ein Küchentuch geben und gut ausdrücken, dann hacken. Den Ofen auf 200 °C vorheizen.

• Eier trennen. Schalotten und Knoblauch fein würfeln und glasig dünsten. Mehl, Cayennepfeffer und Curry unterrühren. Milch zugeben und die Mischung einige Min. köcheln lassen, bis sie dick wird. Dabei gut rühren. In eine große Schüssel geben und abkühlen lassen.

• Ziegenkäse, geriebenen Parmesan, Spinat und Eigelbe unterrühren. Eiweiß steif schlagen und vorsichtig unterheben.

• 4 ofenfeste Förmchen (150 ml) mit Öl ausstreichen. Die Masse hineinfüllen, dann leicht auf die Arbeitsfläche klopfen. Mit einem Messer um den Rand der Masse fahren.

• Ein tiefes Backblech etwa 1 cm hoch mit Wasser füllen, die Förmchen daraufstellen und für 13–15 Min. bei 200 °C backen. Die Soufflés sofort servieren, wenn sie goldbraun und aufgegangen sind.

• Salat in Stücke zupfen. Senf, Sauerrahm, Essig und Gewürze miteinander verrühren, Öl zugeben. Die Vinaigrette unter den Salat heben.

Nährwerte pro Portion:

370 kcal • 28 g E • 23 g F • 8 g KH • 0,7 BE • 4 g BS

Tofu enthält hochwertiges pflanzliches Eiweiß

Asiatisches Gemüse-Curry mit Tofu

Für 2 Personen • exotische Zutaten

35 Min.

- 200 g Tofu
- 30 ml Sojasauce
- 30 ml Chilisauce
- 100 g Basmatireis
- 220–250 ml Gemüsebrühe
- 2 Knoblauchzehen
- 2 cm Ingwer
- ½ Bund Frühlingszwiebeln
- 1 rote Paprika
- 200 g Zucchini
- ¼ Bund Mangold oder Paksoi
- 200 g braune Champignons
- 50 g Sojasprossen
- 100 g Zuckerschoten
- Pfeffer, Salz
- 1 TL grüne oder rote Currypaste
- 1 EL Rapsöl
- 150 ml Gemüsebrühe
- 150 ml Kokosmilch (ungesüßt)
- 2 TL weiße Sesamsamen

- Tofu in Würfel schneiden. Soja- und Chilisauce miteinander verrühren, Tofu darin marinieren.
- Den Reis in der Gemüsebrühe garen.
- Knoblauch und Ingwer schälen und fein würfeln. Das Gemüse waschen und putzen. Frühlingszwiebeln in Ringe, Paprikaschote, Zucchini und Mangold in Streifen schneiden.
- Die Champignons mit einem Küchenkrepp säubern und, je nach Größe, vierteln oder achteln.
- Von den Zuckerschoten die Spitzen abschneiden und ggf. die Fäden ziehen. Zuckerschoten und Sojasprossen ca. 5 Min. dämpfen bzw. kurz blanchieren.
- In einem Wok die Frühlingszwiebeln in Öl glasig dünsten, Ingwer und Knoblauch zugeben und kurz mitdünsten. Das Gemüse zugeben und anbraten.
- Mit der Currypaste und Pfeffer würzen. Mit der Gemüsebrühe ablöschen. Anschließend die Kokosmilch aufgießen und kurz köcheln lassen.
- Zum Schluss den Tofu mit der Marinade dazugeben und in der Sauce erwärmen. Wenn nötig, das Curry mit etwas Salz abschmecken. Dann mit dem Sesam bestreuen.

Nährwerte pro Portion:
380 kcal • 24 g E • 16 g F • 20 g KH • 1,7 BE • 10 g BS

Am besten mittags essen

Quinoa-Ratatouille mit Räuchertofu

Für 2 Personen • gelingt leicht

45 Min.

- 80 g Quinoa
- 200 ml Gemüsebrühe
- 2 Frühlingszwiebeln
- 3 cm Ingwer
- 150 g Karotten
- 2 Stangen Bleichsellerie
- 150 g Zucchini
- 1 rote Paprika
- 1 EL Rapsöl
- 100 ml Gemüsebrühe
- Pfeffer
- Salz
- Curry
- Kurkuma
- Kreuzkümmel
- 200 g Räuchertofu
- 1 EL Rapsöl
- Tomatensauce (Seite 73)

- Quinoa in Brühe kurz aufkochen, mit geschlossenem Deckel ca. 30 Min. bei sehr kleiner Hitze quellen lassen.

- Frühlingszwiebeln in Ringe schneiden. Ingwer und Karotten schälen. Ingwer fein würfeln. Karotten, Zucchini und Paprika würfeln. Sellerie in Stücke schneiden.

- Das Öl erhitzen, Ingwer und Curry einrühren, das Gemüse zugeben und dünsten.

- Mit Brühe angießen. Deckel schließen und ca. 8 Min. dünsten. Mit Gewürzen abschmecken. Anschließend Gemüse und Quinoa vermengen.

- Den Tofu in ca. 0,5 cm dicke Scheiben schneiden und im Öl kurz von beiden Seiten anbraten.

- Quinoa und Tofu mit der Tomatensauce anrichten.

Tipp Quinoa, das »Gold der Inka«, ist eine hervorragende pflanzliche Eiweißquelle und obendrein noch reich an Mineralstoffen. Da Quinoa aus der Familie der Gänsefußgewächse stammt und nicht aus der Getreide-Familie, ist es glutenfrei.

Nährwerte pro Portion:
480 kcal • 22 g E • 20 g F • 26 g KH • 2,2 BE • 10 g BS

Mit Kokosmilch ein Genuss

Indische Reispfanne

Für 2 Personen • exotische Zutaten

40 Min.

- 100 g Sojaschnetzel
- 200 ml Gemüsebrühe
- 80 g Basmatireis
- 200 ml Gemüsebrühe
- 200 g Okraschoten
- 2 Frühlingszwiebeln
- 2–3 cm Ingwer
- 1 Knoblauchzehe
- 100 g Karotten
- 2 Stangen Sellerie
- Pfeffer
- Salz
- 1 EL Rapsöl
- Kurkuma
- Curry
- Chili
- 200 ml Kokosmilch, light, ungesüßt
- 3 Stiele frischer Koriander
- 6 Stiele Blattpetersilie

- Die Sojaschnetzel in 200 ml heißer Gemüsebrühe einweichen. Den Reis in der restlichen Gemüsebrühe garen.

- Das Gemüse waschen und putzen. Die Okraschoten, sofern sie größer als ein kleiner Finger sind, halbieren. Die Okraschoten in kochendem Salzwasser kurz blanchieren, abgießen und mit kaltem Wasser abspülen.

- Die Frühlingszwiebeln in Ringe schneiden. Ingwer, Knoblauch und Karotten schälen und in Würfel schneiden. Stangensellerie in Stücke schneiden.

- Das Öl in einer tiefen Pfanne erhitzen, die Gewürze einrühren und kurz erwärmen. Die Sojaschnetzel in dem gewürzten Öl knusprig braten. Zuerst die Frühlingszwiebeln zugeben und anbraten, dann das restliche Gemüse mit anbraten. Mit der Kokosmilch aufgießen und ca. 5–8 Min. köcheln lassen.

- Die Kräuterblättchen von den Stielen zupfen und hacken.

- Das Soja-Gemüse mit dem Reis auf 2 vorgewärmten Tellern anrichten, mit den gehackten Kräutern bestreuen und servieren.

Nährwerte pro Portion:
435 kcal • 36 g E • 9 g F • 33 g KH • 2,8 BE • 8 g BS

Raffiniert – diese Zucchinirösti

Zucchinirösti mit Salat und Ziegenkäsekugeln

Für 2 Personen • braucht etwas mehr Zeit

40 Min.

Für die Rösti

- 200 g Zucchini, gelb
- 200 g Zucchini, grün
- 100 g Karotten
- 1 Zwiebel
- 3/4 Bund Schnittlauch
- 1/4 Bund glatte Petersilie
- 2 Eier
- 2 EL Mehl
- Pfeffer
- Salz
- 1 EL Rapsöl

Für den Salat

- 100 g Eichblattsalat
- 100 g Ziegenfrischkäse
- 1/4 Bund Schnittlauch
- 1/4 Bund glatte Petersilie
- 1 TL Senf
- 1 EL Zitronensaft
- 1 EL Balsamico-Essig
- 2 EL Gemüsebrühe, flüssig
- 1 EL Olivenöl

● Karotten und Zwiebel schälen. Zucchini, Karotten und Zwiebel auf einer Rohkostreibe oder mit der Küchenmaschine raspeln. Kräuter hacken und zugeben.

● Eier und Mehl unterrühren, mit Pfeffer und Salz würzen.

● Öl in einer Pfanne erhitzen, auf mittlere Temperatur reduzieren. Mit einem Löffel von der Gemüsemasse etwas abnehmen und in die Pfanne geben. Ein wenig andrücken.

● Mehrere Gemüsehäufchen von der ersten Seite ca. 5 Min. goldbraun braten. Dann wenden und weitere 5 Min. braten. Lieber nicht auf zu hoher Hitze braten, sonst werden die Rösti zu rasch braun und sind innen noch roh.

● Salat zupfen, Kräuter fein hacken.

● Die Hälfte des Schnittlauchs unter den Ziegenkäse mischen. Aus dieser Masse mithilfe von zwei Teelöffeln (oder mit den Händen) kleine Kugeln formen.

● Senf, Essig, Gemüsebrühe und Zitronensaft verrühren, mit Pfeffer und wenig Salz würzen, das Öl dazu geben und unterrühren, sodass eine cremige Vinaigrette entsteht.

● Die Vinaigrette über den Salat geben, unterheben. Salat und Rösti auf zwei Tellern anrichten, die Ziegenkäsekugeln auf dem Salat verteilen.

Nährwerte pro Portion:

445 kcal • 20 g E • 30 g F • 12 g KH • 1 BE • 6 g BS

Für gesunden Basenausgleich

Sellerieschnitzel mit frischem Feldsalat

Für 2 Personen • gelingt leicht
40 Min.

400 g Sellerie • 300 ml Gemüsebrühe • 1 EL Mehl • 3 EL Semmelbrösel • 4 EL geriebener Parmesan • 2 Msp. Chili • 1 EL gehackte Petersilie • 2 Eier • Pfeffer • Salz • 2 EL Öl • 2 Scheiben Zitrone • 200 g Feldsalat • 1 TL scharfer Senf • 2 EL Essig • 1 EL Brühe • 1 EL Walnussöl • 4 Walnusshälften • Tomatensauce (siehe rechts)

- Sellerie in ca. 1 cm dicke Scheiben schneiden und in Brühe blanchieren. Abtropfen lassen. Semmelbrösel, Parmesan, Chili und Petersilie mischen. Die Eier mit Pfeffer und Salz verquirlen. Selleriescheiben in Mehl legen, dann durch das Ei ziehen und in der Semmelbrösel-Panade wenden. In Öl goldgelb backen.

- Salat waschen. Aus Senf, Gewürzen, Essig und Brühe ein Dressing herstellen. Über den Salat geben, mit Walnüssen garnieren. Die Schnitzel mit je 3 EL Tomatensauce und einer Zitronenscheibe anrichten.

Nährwerte pro Portion:
420 kcal • 20 g E • 28 g F • 12 g KH • 1 BE • 11 g BS

« Sellerieschnitzel mit frischem Feldsalat

Passt zu vielen Gerichten

Grundrezept für Tomatensauce

Für 2 Personen • gelingt leicht
30 Min.

2 Schalotten • 2 Knoblauchzehen • 1 EL Rapsöl • 150 g reife Tomaten • 1 kleine Dose geschälte Tomaten • Salz • Pfeffer • 1 Prise Zucker • 4 Stiele Basilikum

- Schalotten und Knoblauch schälen, in kleine Würfel schneiden und in dem Rapsöl glasig dünsten.

- Die Tomaten waschen, kurz überbrühen, Schale abziehen, in Würfel schneiden und zusammen mit den Dosentomaten in die Pfanne geben und mitdünsten.

- Das Basilikum waschen, trocken tupfen, fein schneiden und zugeben.

- Mit Salz und Pfeffer würzen; mit dem Zucker abschmecken.

- Die Tomatensauce ca. 20 Min. bei sehr kleiner Hitze köcheln lassen.

- Anschließend mit dem Pürierstab pürieren. Eventuell nochmals abschmecken.

Nährwerte pro Portion:
64 kcal • 2 g E • 4 g F • 6 g KH • 0 BE • 2 g BS

Amaranth ist echtes Brainfood

Amaranth-Gemüse-Topf

Für 2 Personen • braucht etwas mehr Zeit

40 Min.

- 100 g Frühlingszwiebeln
- 2 Knoblauchzehen
- 1 EL Rapsöl
- 75 g Amaranth
- 250 ml Gemüsebrühe
- 150 g Karotten
- 150 g Kohlrabi
- 250 g Brokkoli
- Pfeffer
- Salz
- 1 EL Zitronensaft
- 1 EL Olivenöl
- ½ Bund glatte Petersilie
- 40 g Parmesan, gerieben

● Frühlingszwiebeln waschen, putzen und in feine Ringe schneiden. Knoblauch schälen und in feine Würfel schneiden. Das Öl in einem Topf erhitzen, Frühlingszwiebeln und Knoblauch darin glasig dünsten.

● Amaranth zugeben, kurz unterrühren, mit der Gemüsebrühe aufgießen. Bei kleiner Flamme mit geschlossenem Deckel 20 Min. köcheln lassen.

● Inzwischen das Gemüse waschen und putzen. Kohlrabi und Karotten in Würfel schneiden, Brokkoli in kleine Röschen teilen. Nach den ersten 20 Min. Garzeit das Gemüse zum Amaranth geben, unterheben und ca. 10 Min. mitdünsten lassen. Das Gemüse sollte bissfest sein.

● Mit Pfeffer und Salz würzen, Zitronensaft und Olivenöl unterheben. Die Petersilie waschen, trocken tupfen, Blättchen abzupfen, hacken und mit der Hälfte des Parmesans ebenfalls unterheben.

● Servieren und mit dem restlichen Parmesan bestreuen.

Tipp Amaranth ist ein sogenanntes Pseudo-Getreide, daher glutenfrei. Dieses kleine Powerkorn ist reich an pflanzlichem Eiweiß, Omega-3-Fettsäuren, Lecithin (wichtig für das Gehirn), Magnesium, Calcium und Eisen.

Nährwerte pro Portion:

420 kcal • 23 g E • 20 g F • 21 g KH • 1,7 BE • 13 g BS

Linsen können mehr als langweiliger Eintopf sein

Orientalisches Linsengemüse mit Ingwer-Joghurt-Sauce

Für 2 Personen • gelingt leicht

35 Min.

- 80 g rote Linsen
- 1 Zwiebel
- 1 EL Rapsöl
- 160–200 ml Gemüsebrühe
- 600 g frisches Gemüse nach Saison (z. B. Zucchini, Lauch, Möhren, Paprika, Kohlrabi, Sellerie)
- 2 Knoblauchzehen
- 1 EL Rapsöl
- 1 TL Curry
- Je 1 Prise Kurkuma, Kreuzkümmel und Koriander
- 200 ml Gemüsebrühe
- Pfeffer
- 150 g Naturjoghurt, 1,5 % Fett
- 2 EL Sauerrahm 10 % Fett
- Salz
- 2 cm Ingwer
- 2 Stiele Zitronenmelisse
- ½ Bund Blattpetersilie

Zwiebel schälen und fein schneiden, im Öl leicht glasig dünsten, die Linsen verlesen und dazugeben. Alles kurz vermengen, mit der Brühe aufgießen und ca. 15 Min. köcheln lassen. Ab und zu umrühren. Sobald die Linsen gar sind, abgießen und den Sud (falls noch vorhanden), auffangen.

Das Gemüse waschen, putzen und in Würfel schneiden. Das Öl in einem Topf erhitzen, nun Curry zugeben und kurz erwärmen, dann das Gemüse zugeben und anbraten.

Knoblauch schälen, würfeln und hinzufügen, mit den restlichen Gewürzen abschmecken. Mit der Gemüsebrühe ablöschen. Alles kurz dünsten. Wenn nötig, mit etwas Salz abschmecken.

Für die Joghurtsauce: Joghurt und Sauerrahm miteinander verrühren, mit dem Salz würzen. Ingwer schälen und pressen oder sehr fein schneiden und unterrühren. Die Zitronenmelisse waschen, trocken tupfen, fein hacken und ebenfalls unterrühren.

Nun die Linsen mit der Gemüsemischung vorsichtig vermengen, auf zwei Teller verteilen und servieren. Die Petersilie waschen, trocken tupfen, hacken und darüberstreuen.

Die Joghurt-Ingwer-Sauce dazu reichen.

Nährwerte pro Portion:
365 kcal • 19 g E • 14 g F • 18 g KH • 1,5 BE • 15 g BS

Rezept zum Inhaltsverzeichnisfoto

Zucchinigratin, griechische Art

Für 2 Personen • gelingt leicht
20 Min. plus 25 Min. Backzeit

1 TL Rapsöl • 300 g Zucchini • 300 g aromatische Tomaten • 2 Knoblauchzehen • je 5 Stiele Oregano, Basilikum • 25 g Oliven, schwarz, ohne Stein • 25 g Oliven, grün, ohne Stein • 200 g Schafskäse • Pfeffer • Meersalz • 2 EL Olivenöl

- Eine feuerfeste Form mit dem Öl einstreichen.
- Zucchini und Tomaten waschen, putzen, in Scheiben schneiden (ca. 3 mm) und in die Auflaufform schichten.
- Die Kräuter von den Stielen zupfen, mit dem fein gehackten Knoblauch mischen und über das Gemüse streuen.
- Die Oliven in Scheiben, den Schafskäse in kleine Würfel schneiden und über das Gemüse geben. Mit Pfeffer und Salz würzen. Olivenöl darüber verteilen.
- Den Backofen auf 200 °C vorheizen, den Auflauf bei 180 °C ca. 25 Min. backen, bis der Käse eine leichte Bräune erhalten hat.

Nährwerte pro Portion:
380 kcal • 29 g E • 25 g F • 6 g KH • 0,5 BE • 4 g BS

Unbedingt mal ausprobieren

Fruchtiger Salat mit Kräuterquark

Für 2 Personen • gelingt leicht
20 Min.

Für den Salat
100 g bunte Blattsalate • 1 Bund Rucola • 2 große Tomaten • 1 Bund Radieschen • 2 Karotten • 1 kleine Salatgurke • 10 Himbeeren • 1 Nektarine
Für das Dressing
1 EL Zitronensaft • 1 EL Himbeeressig • 1 TL Senf • Salz • Pfeffer • 2 EL Olivenöl • 2 EL Schnittlauchröllchen • 2 EL gehackte Petersilie
Für den Kräuterquark
200 g Magerquark • 50 ml fettarme Milch • Salz • Pfeffer • 2 EL Schnittlauchröllchen

- Das Gemüse waschen, putzen und in Scheiben bzw. Streifen schneiden. Die Salatblätter waschen und zerpflücken. Zitronensaft, Himbeeressig, Gewürze und Senf verrühren. Öl zugeben und unterschlagen. Die Salatzutaten unterheben und die Kräuter darüberstreuen. Die Himbeeren und Nektarinenspalten auf dem Salat verteilen.
- Quark mit Milch glattrühren, mit Salz und Pfeffer würzen. Schnittlauch daruntermischen.

Nährwerte pro Portion:
224 kcal • 18 g E • 8 g F • 5 g KH • 0,5 BE • 6 g BS

Ein raffinierter Pasta-Ersatz

Gemüse-Pasta mit rotem Pesto

Für 2 Personen • gelingt leicht
35 Min.

Für das Gemüse
- 1 große Petersilienwurzel (oder Pastinake)
- 2 große Karotten
- ca. 500 ml Gemüsebrühe
- 1 EL Öl
- je 1 grüne und 1 rote Chilischote
- 1 Knoblauchzehe
- 3 Salbeiblätter
- 150 g Kirschtomaten
- Pfeffer
- Salz

Für das Pesto
- 50 g getrocknete Tomaten
- 15 g Pinienkerne
- 1 Knoblauchzehe
- 3–4 EL Olivenöl

- Gemüsebrühe erhitzen.

- Karotten und Petersilienwurzel waschen, putzen und schälen. Dann längs in Scheiben hobeln. Es sollte eine Art Bandnudeln entstehen. Noch schneller können Sie die Gemüse-Pasta mit einem Gemüse-Spiralschneider herstellen.

- In der sprudelnden Gemüsebrühe ca. 4–5 Min. bissfest garen. Mit dem Schaumlöffel herausnehmen und abtropfen lassen.

- Kirschtomaten waschen, putzen und beiseitestellen. Die Chilischoten waschen, putzen und in feine Streifen schneiden. Knoblauch schälen und ebenfalls in feine Scheiben schneiden. Salbei waschen und trocken tupfen.

- Chili, Knoblauch und Salbei in dem Öl erwärmen und es auf diese Weise aromatisieren.

- Für das Pesto: Die getrockneten Tomaten, Knoblauch und Pinienkerne pürieren. Nach und nach Olivenöl zugeben, bis eine cremige Masse entsteht.

- Nun das aromatisierte Öl richtig erhitzen, die Gemüse-Bandnudeln und die Kirschtomaten hineingeben und einige Min. darin braten.

- Mit Pfeffer und Salz würzen. Immer wieder schwenken, damit das Aromaöl sich gut verteilen kann. Wenn die Tomaten leicht aufplatzen, ist die Gemüse-Pasta fertig.

- Die Pasta anrichten und mit je 1 EL rotem Pesto servieren.

Nährwerte pro Portion:
410 kcal • 27 g E • 21 g F • 20 g KH • 1,7 BE • 11 g BS

Ein wunderbar wärmendes Gericht

Mangoldgratin mit Kürbisgnocchi

Für 2 Personen • braucht etwas mehr Zeit
50 Min.

Für das Gratin
- 4 Frühlingszwiebeln
- 2 Knoblauchzehen
- 2 cm Ingwer
- 1 EL Rapsöl
- 300 g Mangold
- 1 Schalotte
- 1 EL Butter
- 1 EL Sojamehl
- 250 ml Gemüsebrühe
- 4 EL Parmesankäse, gerieben

Für die Gnocchi
- 250 g Hokkaidokürbis
- 100 g Kartoffeln
- 1 Ei
- 1 EL Sojamehl
- 3–4 EL Kichererbsenmehl (fein gemahlen)
- Pfeffer
- Salz
- Muskat

- Frühlingszwiebeln waschen, putzen und in Ringe schneiden. Knoblauch und Ingwer schälen und fein würfeln. Alles in dem Rapsöl glasig dünsten.

- Mangold waschen, putzen, in Streifen schneiden und mit anbraten, bis er etwas Farbe bekommt. Alles in eine gefettete Auflaufform geben. Den Backofen auf 200 °C vorheizen.

- Die Schalotte schälen, fein würfeln und in der Butter glasig dünsten. Das Sojamehl unterrühren und mit der Gemüsebrühe ablöschen. Alles gut verrühren, damit keine Klümpchen entstehen. Den Parmesan unterrühren. Diese Parmesansauce über das Mangoldgemüse geben. Für die Gnocchi den Kürbis waschen, die Kerne entfernen, in Würfel schneiden und auf ein Blech mit Backpapier legen. Die Auflaufform dazustellen und alles bei 180 °C ca. 20 Min. garen.

- Die Kartoffeln in der Schale kochen, abkühlen lassen und schälen. Anschließend Kartoffeln und Kürbis durch eine Kartoffelpresse in eine Schüssel geben, mit den anderen Zutaten vermengen. Auf einer bemehlten Arbeitsfläche Rollen formen. Davon ca. 2 cm lange Gnocchi abschneiden.

- Die Gnocchi in leicht sprudelndes Salzwasser geben und in 4–6 Min. gar ziehen lassen, mit einer Schaumkelle herausheben und mit dem Mangoldgratin servieren.

Nährwerte pro Portion:
360 kcal • 22 g E • 18 g F • 16 g KH • 1,25 BE • 15 g BS

FISCH

Ein erlesenes Gericht

Safran-Tagliolini mit Jakobsmuscheln

Für 2 Personen • gelingt leicht
30 Min.

80 g Tagliolini • 1 große Zucchini • 2 EL Olivenöl • Pfeffer • Salz • Safran • 10 Jakobsmuscheln

- Die Tagliolini in reichlich Salzwasser kochen, abgießen und warm stellen.

- Zucchini waschen und längs in Streifen schneiden, die in etwa die Größe der Tagliolini haben.

- 1 EL Öl in einer Pfanne erwärmen, den Safran hineinstreuen, die Zucchininudeln darin ca. 5 Min. dünsten. Die Tagliolini zugeben und beides vorsichtig miteinander vermengen, mit Pfeffer und Salz würzen.

- In einer zweiten Pfanne die Jakobsmuscheln in dem restlichen Olivenöl von jeder Seite lediglich ca. 1 Min. braten, mit Pfeffer und Salz würzen.

- Die Zucchini-Tagliolini auf vorgewärmte Teller verteilen, die Jakobsmuscheln daraufsetzen und servieren.

Nährwerte pro Portion:
330 kcal • 19 g E • 11 g F • 30 g KH • 2,5 BE • 4 g BS

Ideal, wenn Besuch kommt

Dorade aus dem Ofen

Für 2 Personen • braucht etwas mehr Zeit

30–35 Min.

- 1 Dorade mittelgroß, ca. 400 g
- 2 Stück Backpapier
- 2 Tomaten
- 1 Chilischote
- 4 Knoblauchzehen
- 3 Basilikumzweige
- 1 EL Olivenöl
- Pfeffer
- Salz
- 3 Scheiben Zitrone
- 1 Eigelb

- Die Dorade am besten schon beim Einkaufen entschuppen und ausnehmen lassen. Kalt abbrausen und trocken tupfen.
- 2 Stücke Backpapier, so groß wie ein Backblech, abschneiden. Eines davon auf ein Backblech legen.
- Die Dorade darauflegen und von innen und außen mit Pfeffer und Salz würzen. 1 Basilikumzweig und 1 Knoblauchzehe, angedrückt, in den Bauch legen.
- Den Backofen auf 200 °C vorheizen.
- Die Tomaten waschen und in Würfel schneiden. Die Chilischote ebenfalls waschen und in Ringe schneiden. Knoblauch schälen und in feine Scheiben schneiden.
- Das restliche Basilikum in Streifen schneiden.
- Das Olivenöl mit Pfeffer, Salz, Tomatenwürfeln, Chiliringen, Knoblauchscheiben und Basilikumstreifen vermischen und auf der Dorade verteilen.
- Die Zitronenscheiben darauflegen.
- Die Ränder des Backpapiers mit dem Eigelb einstreichen und das zweite Backpapier über die Dorade legen und die Ränder der beiden Papiere miteinander verkleben und noch einmal einschlagen. Es sollte kein Dampf entweichen können.
- Die Dorade in den Ofen schieben und ca. 20–25 Min. garen. Vorsichtig öffnen und servieren.

Nährwerte pro Portion:

310 kcal • 45 g E • 11 g F • 0 g KH • 0 BE • 2 g BS

Der Estragon verleiht dem Fischfilet einen ganz besonderen Geschmack

Kabeljau in Estragonsauce mit Rösti

Für 2 Personen • braucht etwas mehr Zeit

45 Min.

- 1 Schalotte
- 1 EL Butter
- 1 EL Mehl
- 100 ml Fischfond
- 100 ml Milch
- 1 TL Zitronensaft
- Pfeffer
- Salz
- ½ Bund Estragon
- 300 g Kabeljaufilets
- 300 g Rosenkohl
- 200 g Karotten
- 200 g Kartoffeln
- 1 Zwiebel
- 1 EL Rapsöl

- Die Schalotten schälen, in feine Würfel schneiden und in der Butter glasig dünsten. Mit dem Mehl bestäuben, den Fischfond angießen und aufkochen lassen.
- Die Milch zugeben und kurz köcheln lassen.
- Mit Pfeffer und Salz würzen, mit dem Zitronensaft abschmecken.
- Estragon waschen, trocken tupfen, fein schneiden und zugeben.
- Den Kabeljau einlegen und ca. 15 Min. in der Sauce gar ziehen lassen.
- Inzwischen das Gemüse waschen und putzen. Den Rosenkohl von den kleinen Strünken befreien, in leicht gesalzenem Wasser bissfest garen, etwas abkühlen lassen und in Streifen schneiden.
- Die Kartoffeln als Pellkartoffeln kochen, abkühlen lassen, pellen und raspeln. Karotten schälen und ebenfalls raspeln.
- Alles miteinander vermischen und mit Pfeffer und Salz würzen.
- Öl in einer Pfanne erhitzen, von der Gemüse-Kartoffel-Masse Rösti in die Pfanne setzen und mit dem Löffelrücken etwas glatt streichen.
- Von beiden Seiten goldgelb backen.
- Den Fisch aus der Sauce heben und auf zwei Tellern anrichten. Die Rösti daneben platzieren und etwas von der Estragonsauce an den Fisch geben.

Nährwerte pro Portion:

420 kcal • 41 g E • 12 g F • 35 g KH • 1,8 BE • 11 g BS

Sie können auch Tiefkühlblattspinat verwenden

Lachs-Blattspinat-Gratin

Für 2 Personen • gelingt leicht

30 Min. plus 35 Min. Backzeit

- 200 g Kartoffeln
- 1 große Zwiebel
- 1 EL Rapsöl
- 500 g Blattspinat
- 100 ml Gemüsebrühe
- Pfeffer
- 3 Eier
- 125 ml Milch (1,5 % Fett)
- Salz
- Muskat
- 100 g Räucherlachs
- 20 g Emmentaler, gerieben
- 250 g Kirschtomaten
- 1 TL Olivenöl

- Die Kartoffeln schälen und in ca. 0,5 cm dicke Scheiben schneiden.
- Die Zwiebel schälen und in halbe Ringe schneiden.
- Das Öl in einer Pfanne erhitzen, die Zwiebeln darin glasig dünsten, die Kartoffeln zugeben und ca. 10 Min. mit den Zwiebeln braten.
- Den Spinat waschen, die Stiele abschneiden. Die Gemüsebrühe in einem Topf erhitzen, den Blattspinat zugeben und zusammenfallen lassen. Mit Pfeffer würzen. Abtropfen lassen.
- Den Backofen auf 170 °C vorheizen.
- Eier und Milch gut verrühren, mit Pfeffer, Salz und Muskat würzen.
- Eine Gratinform mit Backpapier auslegen.
- Zuerst eine Schicht Kartoffeln einlegen, dann den Spinat und die Lachsscheiben. Zum Schluss mit einer Lage Kartoffeln abschließen. Die Eiermilch darübergießen.
- Im Ofen ca. 30 Min. backen. Den Käse darüberstreuen und weitere 5 Min. im Backofen lassen.
- Die Kirschtomaten waschen und in dem Olivenöl braten, bis sie leicht aufplatzen. Mit wenig Salz und etwas Pfeffer würzen. Zusammen mit dem Gratin servieren.

Nährwerte pro Portion:

515 kcal • 36 g E • 27 g F • 19 g KH • 1,6 BE • 9 g BS

Auch aufgewärmt sehr lecker

Gemüseauflauf mit Kabeljau

Für 2 Personen • braucht etwas mehr Zeit

45 Min.

- 400 g Kabeljau
- 1 Knoblauchzehe
- 1 Msp. Chiliflocken
- 1 EL Rapsöl
- 200 g Brokkoliröschen
- 200 g Erbsen
- 200 g Karotten
- 1 Zwiebel
- 1 EL Margarine
- 1 EL Mehl
- 100 ml Gemüsebrühe
- 100 ml Milch (1,5 % Fett)
- 2 EL Crème légère
- je 1 Msp. Curry und Cayennepfeffer
- Pfeffer
- Salz
- ¼ Bund Schnittlauch
- 4 Stiele Blattpetersilie

- Den Kabeljau kalt abbrausen, trocken tupfen und in ca. 2 cm große Würfel schneiden.
- Knoblauch schälen und in Öl pressen. Chiliflocken zugeben. Den Kabeljau damit marinieren und beiseite stellen.
- Karotten schälen, halbieren und in Scheiben schneiden. Mit den Brokkoliröschen und den Erbsen in eine Auflaufform geben. Den Fisch darauf verteilen.
- Den Backofen auf 190 °C vorheizen.
- Die Zwiebel schälen, fein würfeln und in der Margarine anbraten, mit dem Mehl bestäuben, dies einrühren und mit der Brühe unter ständigem Rühren aufgießen. Die Milch zugeben, alles kurz köcheln lassen. Die Crème légère und die Gewürze unterrühren.
- Schnittlauch waschen, trocknen, dann in Röllchen schneiden und in die Sauce geben.
- Die Sauce über die Gemüse-Fisch-Mischung geben. Im Backofen ca. 30 Min. garen.
- Die Petersilie waschen, trocken tupfen und hacken.
- Den Auflauf in der Form servieren, die Petersilie darüberstreuen.

Nährwerte pro Portion:
470 kcal • 50 g E • 13 g F • 20 g KH • 1,7 BE • 13 g BS

Pikantes Tatar vom Lachs

Lachstatar

Für 2 Personen • geht schnell
15 Min.

1 Ei • 200 g geräucherter Lachs • 1 kleine Zwiebel • 1 Gewürzgurke • 4 Dillzweige • 2 EL Joghurt (1,5 % Fett) • 1 EL Sauerrahm (10 % Fett) • 1 TL Zitronensaft • 1 TL Meerrettich • 2 kleine Scheiben Roggenbrot

- Das Ei hart kochen, abschrecken, pellen und in kleine Würfel schneiden.
- Den Lachs, die Gewürzgurke und die Zwiebel fein würfeln.
- 2 Dillzweige zupfen und den Dill mit Joghurt, Sauerrahm, Meerrettich und Zitronensaft verrühren.
- Das Dressing über die gewürfelten Zutaten geben und alles vorsichtig vermengen. Auf dem Roggenbrot verteilen, mit dem restlichen Dill garnieren und servieren.

Nährwerte pro Portion:
345 kcal • 29 g E • 17 g F • 16 g KH • 1,3 BE • 3 g BS

Bitte im Kühlschrank lagern

Thunfischsalat

Für 2 Personen • gelingt leicht
20 Min.

2 Eier • 1 kleine Dose Thunfisch (in Wasser) • 1 rote Paprika • 1 Zwiebel • 2 Gewürzgurken • Pfeffer • Salz • 3 EL Joghurt (1,5 % Fett) • 1 EL Sauerrahm • etwas Gurkenwasser

- Die Eier hart kochen, abschrecken, pellen und in Würfel schneiden.
- Den Thunfisch abgießen, in eine Schüssel geben und mit einer Gabel zerkleinern.
- Paprikaschote in Würfel schneiden. Zwiebel und Gewürzgurken fein würfeln.
- Alles zum Thunfisch geben, Joghurt und Sauerrahm unterheben. Mit Pfeffer und Salz würzen. Falls die Konsistenz zu dick ist, Gurkenwasser unterheben.

Nährwerte pro Portion:
210 kcal • 20 g E • 11 g F • 7 g BE • 3 g BS

Dies ist ein Rezept für Nudelfans

Penne all' Arrabbiata mit Thunfisch

Für 2 Personen • preisgünstig
30 Min.

100 g Vollkornnudeln • 1 gelbe Paprika • 1 rote Paprika • 1 Zwiebel • 2 Knoblauchzehen • je 1 rote und grüne Chilischote • schwarze Oliven (16 Stück) • 1 EL Rapsöl • 200 g Dosentomaten • 1 Dose Thunfisch (in Wasser) • Pfeffer • Salz • 2 EL gehackter Oregano, Thymian, Basilikum • 2 EL geriebener Parmesan

- Die Nudeln al dente kochen. Die Paprika in kleine Würfel schneiden. Zwiebel und Knoblauch schälen und fein würfeln. Die Chilischoten und Oliven in feine Scheiben schneiden.

- Öl in einer Pfanne erhitzen, die Zwiebel glasig dünsten. Die Paprika zugeben und ca. 5 Min. dünsten. Knoblauch, Oliven, Tomaten und Thunfisch zugeben. Mit Pfeffer und Salz würzen und ca. 5 Min. köcheln lassen.

- Kräuter unter die Sauce heben, mit den Nudeln anrichten. Dazu Parmesan reichen.

Nährwerte pro Portion:
485 kcal • 3 g E • 22 g F • 27 g KH • 2,3 BE • 3 g BS

Das Rezept zum Cover-Foto

Lachsröllchen mit knackigem Salat

Für 2 Personen • geht schnell
20 Min.

240 g geräucherter Lachs in Scheiben • 100 g Frischkäse • 100 g Magerquark • 1 EL Meerrettich (Glas) • 2 EL Schnittlauchröllchen • Pfeffer • Meersalz • ½ TL abgeriebene Orangenschale • 2 Stück Chicorée

Für den Salat

½ Eisbergsalat • restlicher Chicorée • 4 EL Orangensaft • 1 EL Essig • 1 TL Senf • Pfeffer • Salz • 2 EL Olivenöl

- Den bitteren Strunk vom Chicorée entfernen, die Blätter lösen. Je zwei Blätter übereinanderlegen, je drei dieser Schiffchen auf einem Teller platzieren.

- Frischkäse, Magerquark, Meerrettich, Pfeffer, Salz und Orangenschale verrühren, Schnittlauch unterheben. Je 1 EL auf eine Scheibe Lachs geben, einrollen und auf je ein Chicorée-Schiffchen setzen.

- Salat in Streifen schneiden. Orangensaft, Essig, Senf, Pfeffer und Salz verrühren, Öl unterrühren. Das Dressing über den Salat geben und unterheben.

Nährwerte pro Portion:
480 Kcal • 40 g E • 33 g F • 8 g KH • 0,5 BE • 3 g BS

Essen Sie gern thailändisch?

Wok-Gericht mit Lachs und Kokosmilch

Für 2 Personen • braucht etwas mehr Zeit

45 Min.

- 100 g Vollkornreis
- 150 g Brokkoli
- 100 g Sojasprossen
- ½ Bund Frühlingszwiebeln
- 3 cm Ingwer
- 2 Knoblauchzehen
- 2 EL Rapsöl
- 1 TL Curry
- 150 g Karotten
- 100 g Bambusscheiben aus dem Glas
- 100 ml Kokosmilch, light und ohne Zucker
- 100 ml Gemüsebrühe
- 1 TL Currypaste
- 2 EL Sojasauce
- 200 g Lachsfilet
- Pfeffer
- Salz

● Den Reis in ca. 200 ml Wasser oder Gemüsebrühe garen.

● Das frische Gemüse waschen und putzen. Karotten schälen und in Streifen von ca. 4 cm Länge schneiden

● Brokkoli und Sojasprossen in kochendem Salzwasser blanchieren, abgießen und kalt abschrecken.

● Die Frühlingszwiebeln in Ringe schneiden. Knoblauch und Ingwer schälen und fein würfeln.

● Öl in einem Wok oder einer tiefen Pfanne (mit Deckel) erhitzen. Frühlingszwiebeln glasig dünsten, Knoblauch und Ingwer zugeben und mitdünsten. Das Curry zugeben und in dem Öl erwärmen.

● Karotten, Brokkoli und Sojasprossen zugeben, unterheben und kurz dünsten. Die Bambusscheiben zugeben. Kokosmilch und Gemüsebrühe angießen, die Currypaste und Sojasauce zugeben und alles vorsichtig unterheben.

● Das Lachsfilet in vier Teile schneiden und auf die Gemüsepfanne legen, mit Salz und Pfeffer würzen. Bei kleiner Hitze und mit geschlossenem Deckel ca. 10 Min. garen lassen.

● Den Reis auf zwei Teller geben, das Wokgemüse mit dem Lachs dazugeben und genießen.

Nährwerte pro Portion:

445 kcal • 34 g E • 15 g F • 30 g KH • 2,8 BE • 7 g BS

Super zum Mitnehmen, dann aber bis zum Verzehr im Kühlschrank aufbewahren

Wraps mit Räucherlachs

Für 2 Personen • gelingt leicht
30 Min.

Für den Teig
- 50 g Kichererbsenmehl
- 150 ml kaltes Wasser
- 1 TL Rapsöl
- Salz
- 1 EL Rapsöl zum Ausbacken

Für die Füllung
- ½ Kopf Eisbergsalat
- 1 Frühlingszwiebel
- ½ Schale Kresse
- 2 Dillzweige
- 4 EL Frischkäse, fettarm
- 2 EL Sauerrahm
- 1 Msp. Chiliflocken
- ¼ TL Curry
- 150 g Räucherlachs

- Für den Wrap alle Zutaten mit einem Schneebesen zu einem glatten Teig verrühren. In dem heißen Öl zwei Wraps ausbacken und beiseitestellen.

- Für die Füllung den Eisbergsalat waschen, trocken schleudern und in feine Streifen schneiden. Frühlingszwiebel waschen, putzen und in Ringe schneiden. Mit dem Salat mischen. Mit einer Schere die Kresse abschneiden. Den Dill von den Zweigen zupfen und fein schneiden. Die Kräuter zu dem Salat geben.

- Frischkäse, Sauerrahm und Gewürze miteinander verrühren und unter die Salatmischung heben. Diese Masse auf die Wraps streichen, den Lachs darauflegen. Nun die Wraps einrollen.

- Die andere Hälfte des Eisbergsalats mit der Senfvinaigrette (Seite 65) anmachen und dazu servieren.

Nährwerte pro Portion:
415 kcal • 26 g E • 25 g F • 12 g KH • 1 BE • 7 g BS

Variante 2 EL Frischkäse (fettarme Variante), 80 g Putenschinken, 2 TL Harissa-Paste, ½ Bund Rucola – Die gebackenen Wraps mit dem Frischkäse bestreichen und mit dem Putenschinken belegen. Den Putenschinken mit der Harissa-Paste bestreichen. Rucola waschen, putzen und trocken tupfen. Auf den Putenschinken legen. Die Wraps straff zusammenrollen. In Klarsichtfolie einpacken und zum Durchziehen kalt stellen. Dazu einen knackigen Salat servieren.

Nährwerte pro Portion:
300 kcal • 18 g E • 15 g F • 12 g KH • 1 BE • 8 g BS

Auch mit Riesengarnelen lecker

Blattsalat mit Avocado und Hoki-Filet

Für 2 Personen • gelingt leicht
25 Min.

100 g grüne Blattsalate • 100 g roter Eichblattsalat • 1 EL Zitronensaft • 1 TL Senf • Pfeffer • Meersalz • 1 EL Walnussöl • 1 EL Olivenöl • 1 Avocado • 1 EL Zitronensaft • 2 Hoki-Filets • 1 EL Rapsöl • 1 EL Sesam

- Salat in mundgerechte Stücke zupfen und in eine Schüssel geben. Zitronensaft, Senf und Gewürze verrühren, zweierlei Öl zugeben, unterrühren. Über den Salat geben und unterheben.

- Salat auf den Tellern anrichten, die Avocado schälen, in dünne Scheiben schneiden, über den Salat verteilen, den Zitronensaft darüberträufeln.

- Den Fisch im Rapsöl von beiden Seiten ca. 3–4 Min. braten, mit Pfeffer und Salz würzen, neben dem Salat anrichten.

- Den Sesam in einer trockenen Pfanne kurz anrösten und darüberstreuen.

Nährwerte pro Portion:
450 kcal • 37 g E • 30 g F • 6 g KH • 0,5 BE • 6 g BS

« Blattsalat mit Avocado und Hoki-Filet

So wird der Fisch schonend gedünstet

Fischduett im Päckchen mit Gemüse

Für 2 Personen • gelingt leicht
35 Min.

2 Lachsfilets à 90–100 g • 2 Thunfischfilets à 90–100 g • Pfeffer • 2 aromatische Tomaten • 2 Karotten • 1 Fenchelknolle (ca. 200 g) • 2 Schalotten • 2 Knoblauchzehen • 1 Bund Rucola • frische Kräuter, wie Oregano, Basilikum • Meersalz • 2 TL Rapsöl

- Den Ofen auf 200 °C vorheizen. Zwei Blätter Alufolie vorbereiten. Die Fischfilets kalt abspülen und trocken tupfen. Auf die Folie legen, mit Meersalz und Pfeffer würzen.

- Das Gemüse in kleine Würfel schneiden. Schalotte und Knoblauch schälen und fein würfeln. Alles miteinander mischen, mit Meersalz und Pfeffer würzen und auf den Filets verteilen. Je 1 TL Öl darübergeben.

- Nun die Alu-Päckchen dicht verschließen und auf ein Backblech legen. Im Ofen bei 200 °C ca. 20 Min. garen.

- Rucola und Kräuter waschen, fein hacken und vor dem Servieren auf den Fisch geben.

Nährwerte pro Portion:
505 kcal • 41 g E • 32 g F • 7 g KH • 0,5 BE • 8 g BS

Wie wäre es mal mit dem feinen Tilapiafilet?

Tilapiafilet mit Brokkoli-Mus

Für 2 Personen • braucht etwas mehr Zeit
45 Min.

- 1 EL Rapsöl
- 2 Thymianzweige
- 1 Rosmarinzweig
- 2 Knoblauchzehen
- 2 Tilapiafilets (à 160 g)
- 2 EL Zitronensaft
- 400 g Brokkoli
- 120 g Kartoffeln
- 100 ml Gemüsebrühe
- Pfeffer
- Salz
- 1 Prise Muskat
- 2 Paprikaschoten (rot, gelb)
- 1 Karotte
- 100 g Zuckerschoten
- 2 cm Ingwer
- 1 EL Sojaöl

● Das Rapsöl in eine Pfanne geben, die Kräuterzweige hineinlegen, Knoblauch schälen und in das Öl pressen. Bei sehr kleiner Hitze das Öl aromatisieren.

● Fischfilets kalt abspülen, trocken tupfen, auf einen Teller legen, mit dem Zitronensaft beträufeln und salzen. Kurz in den Kühlschrank stellen.

● Brokkoli waschen, putzen und in einzelne Röschen zerteilen. Die Kartoffeln ebenfalls waschen, schälen und würfeln.

● In einem Topf die Gemüsebrühe zum Kochen bringen, die Kartoffelwürfel zugeben und ca. 10 Min. darin garen. Anschließend die Brokkoliröschen zugeben und mitgaren. Sobald das Gemüse und die Kartoffeln weich sind, die Gemüsebrühe abgießen und beiseitestellen.

● Brokkoli und Kartoffeln pürieren. Mit Pfeffer, Salz und Muskat würzen. Warm stellen. Das Gemüse waschen und putzen. Karotten und Ingwer schälen.

● Paprikaschoten und Karotten in Streifen schneiden. Ingwer in feine Scheiben schneiden.

● Zuckerschoten kurz blanchieren. Das Gemüse mit dem Ingwer in dem Sojaöl bissfest dünsten. Mit Pfeffer und Salz würzen.

● Parallel dazu die Fischfilets in dem aromatisierten Öl braten. Ohne Kräuterzweige servieren.

● Fischfilets, Brokkoli-Mus und Gemüse auf vorgewärmten Tellern anrichten.

Nährwerte pro Portion:
485 kcal • 49 g E • 17 g F • 12 g KH • 1 BE • 16 g BS

Eine klassische Brotzeit

Roter Matjessalat mit Vollkornbrot

Für 2 Personen • gut vorzubereiten

15 Min. plus 1 Std. Ziehzeit

300 g Matjes • 300 g Rote Bete (vorgekocht) • 3 Gewürzgurken • 1 große rote Zwiebel • 4 EL Naturjoghurt (1,5 %) • 2 EL Sauerrahm (10 %) • 2 EL Gurkenwasser • 2 EL Rapsöl • Pfeffer • 2 Scheiben grobkörniges Vollkornbrot (à 25 g)

- Matjes in ca. ½ cm breite Streifen schneiden. Rote Bete, Gewürzgurke und geschälte Zwiebel würfeln.
- Alle Zutaten in einer Schüssel vermischen. Sauerrahm, Joghurt, Gurkenwasser, Öl und Pfeffer zugeben und unterheben.
- Der Salat sollte ca. 1 Stunde durchziehen, danach noch einmal mit Pfeffer und evtl. ein wenig Salz abschmecken.

Tipp Prima zum Mitnehmen ins Büro.

Nährwerte pro Portion:
510 kcal • 27 g E • 33 g F • 18 g KH • 1,5 BE • 6 g BS

Herzhafter Genuss für Matjesfans

Matjestatar

Für 2 Personen • geht schnell

15 Min.

250 g frischer Matjes • 2 Gewürzgurken • 1 EL Kapern • 1 kleine Zwiebel • 6 schwarze Oliven • 2 EL Naturjoghurt (1,5 % Fett) • 1 TL saure Sahne • Pfeffer • 2 Dillzweige • 2 kleine Scheiben Vollkornbrot

- Matjesfilets kalt abspülen, trocken tupfen und sehr fein schneiden.
- Gewürzgurke, Kapern und Oliven klein schneiden. Die Zwiebel schälen und in feine Würfel schneiden. Anschließend alles miteinander vermengen. Joghurt und saure Sahne unterheben und mit dem Pfeffer würzen.
- Da die Matjes bereits salzig sind, vorsichtig mit Salz abschmecken.
- Das Tatar auf dem Vollkornbrot verteilen und mit je 1 Dillzweig garnieren.

Nährwerte pro Portion:
450 kcal • 25 g E • 32 g F • 14 g KH • 1,2 BE • 3 g BS

« Roter Matjessalat mit Vollkornbrot

Reich an Omega-3-Fettsäuren und Vitamin C

Lachssteak mit Zitronensalz und Wirsingkohl

Für 2 Personen • braucht etwas mehr Zeit

50 Min.

- 1 TL Meersalz
- geriebene Schale ½ Zitrone
- ½ TL Pfeffer
- 2 Lachssteaks à 140 g
- 400 g Wirsing (1 kleiner Kohlkopf)
- 1 TL Kümmelsamen
- 1 Zwiebel
- 1 TL Butter
- 1 Prise Kümmelpulver
- ½ Bund Frühlingszwiebeln
- 1 EL Öl
- 1 TL rote Pfefferbeeren
- 4 Scheiben Zitrone
- 4 Zweige Dill

● Das Salz mit der abgeriebenen Zitronenschale und dem Pfeffer mischen. Die Lachssteaks kalt abbrausen, trocken tupfen mit dem Zitronensalz einreiben und abgedeckt im Kühlschrank etwas ziehen lassen.

● In der Zwischenzeit den Wirsingkohl waschen, vierteln und in Streifen schneiden. Einen großen Topf mit Salzwasser zum Kochen bringen und den Kümmelsamen zugeben. Den Wirsing darin ca. 5 Min. kochen, herausnehmen, kalt abspülen und abtropfen lassen.

● Die Zwiebel schälen, fein würfeln und in der Butter glasig dünsten. Das Kümmelpulver einrühren. Den Wirsing zugeben und in der Butter schwenken und erhitzen.

● Frühlingszwiebeln waschen, putzen, in Ringe schneiden und in der Hälfte des Öls andünsten. Die roten Beeren zugeben und mitdünsten.

● Parallel in dem restlichen Öl den Lachs von beiden Seiten 2–3 Min. mit den Zitronenscheiben braten.

● Dill zupfen und fein schneiden.

● Frühlingszwiebeln mit den roten Beeren auf warmen Tellern anrichten, den Lachs mit den Zitronenscheiben daraufsetzen. Mit Dill bestreuen. Den Wirsing dazulegen und servieren.

Nährwerte pro Portion:

415 kcal • 34 g E • 25 g F • 10 g KH • 0 BE • 7 g BS

Fisch und Beilage frei variieren

Fischbratlinge auf Gemüse der Saison

Für 2 Personen • braucht etwas mehr Zeit
45 Min.

150 g Lachsfilet • 100 g Thunfischfilet • 100 g Heilbutt • ½ altbackenes Brötchen • ½ Bund Frühlingszwiebel • 1 Karotte • 2 Stangen Sellerie • 1 Ei • 1 TL Speisestärke • Meersalz • Pfeffer • Chilipulver • 300 g Saisongemüse (z. B. Kohlrabi) • 1 rote Zwiebel • 1 EL Rapsöl • 100 ml Gemüsefond • 2 TL saure Sahne • 2 EL gehackte Kräuter • 1 EL Rapsöl

- Den Fisch würfeln. Das ½ Brötchen in Wasser einweichen und ausdrücken. Gemüse in feine Würfel schneiden. Fischwürfel und Gemüsewürfel mit Ei, Speisestärke und Brötchen vermischen, mit Gewürzen abschmecken. Die Masse zugedeckt ziehen lassen.
- Die Zwiebeln würfeln, in Öl andünsten, das Gemüse würfeln und mit Gemüsefond zugeben. Würzen und ca. 8 Min. garen. Vor dem Servieren saure Sahne und Kräuter unterheben.
- In einer Pfanne das Öl erhitzen, die Masse zu Frikadellen formen und goldbraun braten.

Nährwerte pro Portion:
535 kcal • 44 g E • 26 g F • 17 g KH • 1,4 BE • 10 g BS

Ein neuer Fischgeschmack

Schwertfisch mit Rucola-Tomaten-Belag

Für 2 Personen • gelingt leicht
20 Min.

2 Scheiben Schwertfisch (ca. 1 cm dick, à ca. 180 g) • 2 EL Zitronensaft • 1 EL Rapsöl • 4 aromatische Tomaten • 1 Bund Rucola • Pfeffer • Meersalz

- Den Fisch mit kaltem Wasser abspülen und trocken tupfen. Mit Zitronensaft beträufeln und salzen.
- Das Öl in einer Pfanne erhitzen; falls vorhanden, können Sie gerne eine Grillpfanne benutzen und den Fisch darin von beiden Seiten ca. 5 Min. braten. Mit dem Pfeffer und Salz würzen.
- Tomaten und Rucola waschen und putzen. Den Rucola gut trocken tupfen.
- Die Tomaten in ca. 1 cm große Würfel schneiden. Den Rucola in ca. 1 cm breite Streifen schneiden. Beides miteinander vermischen, salzen, pfeffern.
- Sobald der Fisch gebraten ist, diesen auf zwei Teller geben und mit der Tomaten-Rucola-Mischung bedecken.

Nährwerte pro Portion:
335 kcal • 38 g E • 15 g F • 1 g KH • 0 BE • 4 g BS

FLEISCH

Klingt nach Sonntagsessen

Filetsteak mit Zwiebelkruste und Bohnen

Für 2 Personen • braucht etwas mehr Zeit
35 Min.

360 g Rinderfilet • Pfeffer • 1 EL Öl • Salz • 1 Zwiebel • 1 EL scharfer Senf • 1 TL Semmelbrösel • 1 Eigelb • 400 g grüne Bohnen • 40 g magerer Speck • 1 TL Butter

- Die Bohnen waschen, putzen und in kochendem Salzwasser bissfest garen. Abtropfen lassen.

- Das Fleisch rundum mit Pfeffer würzen, in dem Öl von beiden Seiten kurz anbraten. Danach salzen.

- Backofen auf 200 °C vorheizen.

- Zwiebel schälen, fein würfeln und mit dem Senf, den Semmelbröseln und dem Eigelb verrühren. Auf beiden Filetsteaks gleichmäßig verteilen. Im Backofen ca. 3 Min. überbacken. Die Kruste sollte leicht goldgelb und knusprig werden.

- Den mageren Speck fein würfeln, in der Butter glasig dünsten, die Bohnen dazugeben und darin schwenken. Zusammen mit den Steaks servieren.

Nährwerte pro Portion:
470 kcal • 55 g E • 19 g F • 13 g KH • 1,1 BE • 5 g BS

Fettarm und mediterran

Oliven-Hähnchen-schnitzel auf Spinat

Für 2 Personen • gelingt leicht
1 Std.

1 Zwiebel • 1 TL Rapsöl • 500 g Blattspinat (TK) • Muskat, Pfeffer, Salz • 2 Knoblauchzehen • je 6 grüne und schwarze Oliven ohne Stein • 3 getrocknete Tomaten • 1 EL Olivenöl • 360 g Hähnchenschnitzel • 1 TL Rapsöl • 100 ml Geflügelbrühe

- Zwiebel schälen und würfeln, im Öl glasig dünsten. Spinat und Gewürze zugeben. Deckel schließen und Spinat vorsichtig garen. Knoblauch schälen und mit Oliven, getrockneten Tomaten und Olivenöl mit dem Pürierstab grob zerkleinern.

- Rapsöl in einer Pfanne erhitzen und Hähnchenschnitzel von beiden Seiten anbraten. Brühe angießen, Oliven-Tomaten-Paste einrühren. Die Hähnchenschnitzel ca. 5 Min. darin ziehen lassen.

- Den Spinat abschmecken, anrichten, die Schnitzel darauflegen, die Paste rundherum träufeln.

Nährwerte pro Portion:
370 kcal • 47 g E • 16 g F • 2 g KH • 0,2 BE • 7 g BS

« Oliven-Hähnchenschnitzel auf Spinat

Salat mit Hähnchenstreifen

Caesar Salad

Für 2 Personen • gelingt leicht
30 Min.

2 Hähnchenbrustfilets (à 150 g) • 1 TL Rapsöl • Pfeffer • Salz • 2 Romanasalate • 2 EL geriebener Parmesan • 1 Eigelb • 2 EL Zitronensaft • 1 EL weißer Balsamico-Essig • 1 TL Senf • 1 EL Worcestershiresauce • 2 EL Olivenöl • 20 g gehobelter Parmesan

- Die Filets kalt abbrausen, trocken tupfen und in Streifen schneiden. Im Öl rundherum knusprig anbraten und mit Pfeffer und Salz würzen. Abdecken und beiseitestellen.

- Salat waschen, trocken schleudern, in ca. 1 cm breite Streifen schneiden und in eine Schüssel geben.

- Für das Dressing alle Zutaten, bis auf das Öl, verrühren. Das Öl zum Schluss unterziehen, sodass eine dickliche Sauce entsteht.

- Salat mit Dressing anmachen, in zwei Schalen verteilen, die gebratenen Hähnchenstreifen darauf anrichten und den Parmesan darüberstreuen.

Nährwerte pro Portion:
385 kcal • 44 g E • 19 g F • 0 g KH • 0 BE • 2 g BS

Etwas zeitaufwendiger, aber es lohnt sich

Lammkarree mit Ratatouille

Für 2 Personen • anspruchsvoll

1 Std.

- Lammkarree mit insgesamt 8 Rippenknochen
- Salz, Pfeffer
- 1 EL Rapsöl
- 6 Knoblauchzehen
- 2 Thymianzweige
- 1 Rosmarinzweig
- 280 g sehr kleine Kartoffeln (festkochend)
- 6 Salbeiblätter
- 1 Zweig Rosmarin

Für das Ratatouille

- 1 rote Zwiebel
- 2 Knoblauchzehen
- 200 g Zucchini
- 230 g Aubergine
- 180 g gelbe Paprika
- 250 g Tomaten
- 1 EL Rapsöl
- 100 g Tomatenpüree
- Salz, Pfeffer, Cayennepfeffer

● Lammkarree mit Salz und Pfeffer würzen und zusammen mit den Kräutern und dem Knoblauch in dem Rapsöl rundum anbraten.

● Die Kartoffeln waschen und sauber bürsten. Kartoffeln, Salbei und den frischen Rosmarin in der Pfanne um das Fleisch herum verteilen und mit Salz und Pfeffer würzen.

● Im vorgeheizten Backofen bei 150 °C ca. 15–20 Min. garen. Das Fleisch herausnehmen, in Folie wickeln, warm stellen und ruhen lassen.

● Die Kartoffeln bei ca. 160 °C weitere 5–10 Min. garen.

● Für das Ratatouille: Zwiebeln und Knoblauch schälen und würfeln.

● Das Gemüse waschen, putzen und in kleine Würfel schneiden.

● Alle Zutaten in dem heißen Rapsöl anschwitzen, das Tomatenpüree angießen und bei kleiner Hitze ca. 8–10 Min. köcheln lassen. Gelegentlich umrühren. Danach würzen und abschmecken.

● Die Kräuterzweige aus der Pfanne entfernen, das Lammkarree aus der Folie nehmen und zwischen den Rippenknochen durchschneiden.

● Pro Person vier Rippchen mit Ratatouille und Kartoffeln auf vorgewärmten Tellern anrichten.

Nährwerte pro Portion:

510 kcal • 40 g E • 25 g F • 15 g KH • 1,3 BE • 9 g BS

Ein Sonntagsessen zum ausgiebigen Genießen

Lammfilet mit Kürbissteak und Zucchinipüree

Für 2 Personen • braucht etwas mehr Zeit

1 Std.

- 2 Lammfilets oder Lammlachse
- 1,5 EL Rapsöl
- Gemüsebrühe
- ½ EL Rosmarinnadeln
- 2 Knoblauchzehen
- 2 Scheiben Muskatkürbis
- Salz
- 1 TL rote Pfefferkörner
- 1 EL Rapsöl
- 1 Kartoffel
- 2 Zucchini
- Pfeffer
- Salz
- Muskat

● Die Lammfilets kalt abspülen, trocken tupfen und in einen tiefen Teller legen.

● Das Öl mit Pfeffer verrühren. Die Rosmarinnadeln hacken und unterrühren. Knoblauch schälen und in das Öl pressen. Alles verrühren, über das Fleisch geben und ca. 30 Min. ziehen lassen.

● Die Kartoffel schälen, Zucchini waschen; beides in Würfel schneiden.

● In einen Topf Gemüsebrühe einfüllen, sodass der Boden bedeckt ist. Erhitzen und die Kartoffelstücke darin ca. 10 Min. köcheln lassen. Zucchiniwürfel zugeben, mit Salz und Pfeffer würzen, Deckel schließen und weitere 8–10 Min. garen.

● Die restliche Brühe abgießen, Zucchini und Kartoffel pürieren.

● Mit Pfeffer, Salz und geriebener Muskatnuss abschmecken und warm stellen.

● Den Kürbis waschen, schälen und die Kerne und Fasern entfernen. Mit Pfeffer und Salz würzen, Öl in einer Pfanne erhitzen, die roten Pfefferkörner zugeben, die Kürbisscheiben langsam von beiden Seiten darin braten, ca. 10 Min.

● Den Backofen auf 150 °C vorheizen. Nun etwas von dem Öl, in das die Lammfilets eingelegt sind, in eine Pfanne geben, erhitzen und die Lammfilets von beiden Seiten ca. 3 Min. anbraten. In eine feuerfeste Form geben und ca. 8–10 Min. im Ofen nachgaren. Danach etwas ruhen lassen.

● Anschließend die Lammfilets mit den Kürbissteaks und dem Zucchinipüree auf zwei vorgewärmten Tellern anrichten und servieren.

Nährwerte pro Portion:

510 kcal • 46 g E • 19 g F • 13 g KH • 1,1 BE • 8 g BS

Erinnert an Großmutters Zeiten

Wirsingrouladen mit Sellerie-Kartoffel-Püree

Für 2 Personen • braucht etwas mehr Zeit

55 Min.

- 2 große Wirsingblätter (200 g)
- 350 g Rinderhackfleisch
- 1 Ei
- 1 Zwiebel
- Pfeffer, Salz
- 3 Stiele glatte Petersilie
- ¼ Bund Schnittlauch
- Bindfaden
- 1 ½ EL Öl
- 200 ml brauner Kalbsfond
- 4 Knoblauchzehen
- 1 Stiel Rosmarin
- 2 Zweige Thymian
- 2 Salbeiblättchen
- 300 g Knollensellerie
- 100 g Kartoffeln
- 150 ml Gemüsebrühe
- 1 EL Crème légère
- 1 Prise Muskatnuss

● Die Wirsingblätter in sprudelndem Salzwasser blanchieren, kalt abspülen, abtropfen lassen und den Strunk herausschneiden.

● Hackfleisch mit Ei vermengen. Die Zwiebel fein würfeln. Zusammen mit den Gewürzen unter das Fleisch heben.

● Petersilienblättchen von den Stielen zupfen und fein hacken. Schnittlauch in feine Röllchen schneiden. Die Kräuter unter die Fleischmasse geben.

● Die Wirsingblätter mit der Maserung nach innen auf ein Arbeitsbrett legen, mit der Fleischmasse belegen. Den Wirsing einschlagen, sodass alle Seiten gut verschlossen sind, und mit dem Bindfaden zubinden.

● Backofen auf 180 °C vorheizen.

● Das Öl in einer Pfanne oder einem Topf erhitzen, die Rouladen von allen Seiten kurz anbraten, den Kalbsfond angießen, die Kräuter zugeben. Den Knoblauch in der Schale kurz andrücken und ebenfalls zugeben. Deckel schließen und im Backofen bei 160 °C ca. 20 Min. garen.

● Sellerie und Kartoffeln schälen, in Würfel schneiden und in der Brühe garen. Abgießen und pürieren. Crème légère unterziehen. Mit Pfeffer und Salz würzen, mit Muskat fein abschmecken.

● Die Roulade mit dem Sellerie-Kartoffel-Püree auf zwei vorgewärmten Tellern anrichten. Den Kalbsfond ohne Kräuter angießen und servieren.

Nährwerte pro Portion:

450 kcal • 53 g E • 19 g F • 13 g KH • 1 BE • 10 g BS

Mild oder feurig ein Genuss

Chili con Carne mit Reishütchen

Für 2 Personen • gelingt leicht
35 Min.

80 g Naturreis • 240 ml Gemüsebrühe 1 große rote Zwiebel • 2 Knoblauchzehen • 3 Paprika (rot, grün, gelb) • 2 Chilischoten • 160 g Rinderhackfleisch • 1 EL Rapsöl • 1 EL Tomatenmark • 150 ml Fleischbrühe • 160 g Dosentomaten • 120 g Kidneybohnen aus der Dose, abgetropft • 1 kleine Dose Mais, abgetropft • 1 Msp. Cayennepfeffer • Pfeffer • Salz

- Den Reis in der Brühe garen. Zwiebel und Knoblauch schälen und fein würfeln. Paprika würfeln, Chilischoten entkernen und in feine Streifen schneiden.

- In einem Topf das Hackfleisch in Öl anbraten, Zwiebeln und Knoblauch zugeben, mit anbraten. Tomatenmark hinzufügen und mitbraten. Mit Brühe ablöschen. Den Bratensatz lösen.

- Paprika, Chili, Bohnen, Mais und Tomaten unterheben und ca. 15 Min. bei kleiner Hitze köcheln lassen. Mit den Gewürzen abschmecken.

Nährwerte pro Portion:
475 kcal • 35 g E • 18 g F • 26 g KH • 2,2 BE • 14 g BS

Vergessen Sie pappiges Fastfood!

Rindfleischburger mit Gurkenraita

Für 2 Personen • gelingt leicht
35 Min.

280 g Rinderhackfleisch • 1 EL Rapsöl • Cayennepfeffer, Paprika • 125 g Kirschtomaten • 250 g Gurke • 1 EL Minzblätter, gehackt • 100 g Joghurt • 2 EL Zitronensaft • 100 g Eisbergsalat • 1 EL Balsamico-Essig • 1 TL Olivenöl

- Das Hackfleisch mit Salz, Pfeffer, Cayennepfeffer und Paprikapulver würzen, gut vermengen, Burger formen.

- Die Gurke schälen, längs vierteln, die Kerne entfernen und in feine Scheiben schneiden. Die Minze, Joghurt und Zitronensaft untermischen, salzen, pfeffern.

- Den Salat in feine Streifen schneiden, mit Essig und Olivenöl beträufeln, salzen und pfeffern.

- Das Rapsöl in eine Pfanne geben, die Burger darin von beiden Seiten je 4 Min. braten, Tomaten zugeben und 4 Min. mitbraten. Burger, Tomaten und Gurkenraita neben dem Salat anrichten.

Nährwerte pro Portion:
426 kcal • 34 g E • 25 g F • 3 g KH • 0,25 BE • 3 g BS

» Rindfleischburger mit Gurkenraita

Ein schmackhaftes mediterranes Gericht

Rindersteak mit Balsamico-Gemüse

Für 2 Personen • gelingt leicht

30 Min.

- 1 EL Rapsöl
- 1 EL Olivenöl
- 2 Knoblauchzehen
- 1 Chilischote
- 1 Zweig Rosmarin
- 2 Zweige Thymian
- 2 rote Zwiebeln
- 2 Paprika (rot, gelb)
- 1 Zucchini
- 1 Aubergine
- Pfeffer
- Salz
- 1 TL Crema di aceto balsamico
- 300 g Rinderfilet
- grobes Meersalz

● Den Backofen auf 120 °C vorheizen.

● Beide Öle in eine Pfanne geben, Knoblauchzehen schälen und in das Öl pressen. Chilischote halbieren, entkernen und ebenfalls in das Öl legen. Die Kräuterzweige ebenfalls zugeben. Das Öl auf kleiner Hitze leicht erwärmen und auf diese Weise aromatisieren.

● Die Zwiebeln schälen und in halbe Ringe schneiden. Das Gemüse waschen, putzen und in ca. 1 cm große Würfel schneiden.

● Das Fleisch mit dem Pfeffer würzen. Das aromatisierte Öl erhitzen und das Fleisch von beiden Seiten ca. 2 Min. darin anbraten. Anschließend salzen, in eine feuerfeste Form legen und im vorgeheizten Backofen warm stellen und etwas ruhen lassen.

● In der Zwischenzeit die Zwiebeln in dem restlichen aromatisierten Öl glasig dünsten. Das Gemüse zugeben und rundherum anbraten, mit Pfeffer und Salz würzen. Die Pfanne mit einem Deckel zudecken und das Gemüse ca. 5 Min. garen; ab und zu umrühren. Chilischote und Kräuterzweige entfernen.

● Das Fleisch aus dem Backofen nehmen, mit dem Gemüse auf zwei vorgewärmten Tellern anrichten, die Crema di aceto balsamico über das Gemüse träufeln.

Nährwerte pro Portion:

420 kcal • 40 g E • 21 g F • 1 g KH • 0 BE • 8 g BS

Perfekt für eine Party

Scharfes Gulasch

Für 2 Personen • braucht etwas mehr Zeit
45 Min.

280 g Schweinefleisch • Pfeffer • 1 Msp. Cayennepfeffer • ½ TL Paprikapulver, scharf ½ TL Curry • je 1 Msp. Ingwerpulver, Kardamom und Kreuzkümmel • 1 kleine Chilischote • 1 EL Rapsöl • 1 große Zwiebel • 2 Knoblauchzehen • 1 EL Tomatenmark • 300–350 ml Fleischbrühe • 1 rote Paprika • 1 grüne Paprika • 200 g Kartoffeln • 200 g Dosentomaten • 2 Zweige Thymian

- Das Fleisch in ca. 2 cm große Würfel schneiden. Gewürze in das Öl einrühren, Chili in feine Ringe schneiden und dazugeben. Fleisch darin gut wenden und kurz ziehen lassen. Zwiebel und Knoblauch schälen und würfeln. Paprika in gleich große Stücke wie das Fleisch schneiden. Kartoffeln schälen und ebenfalls würfeln.

- Das marinierte Fleisch in einem Topf rundum gut anbraten, Zwiebeln, Knoblauch, Tomatenmark, Kartoffeln und Paprika ebenfalls kurz mitbraten. Mit Dosentomaten und Fleischbrühe ablöschen. Die Thymianzweige hineinlegen, Deckel schließen und ca. 30 Min. garen lassen.

Nährwerte pro Portion:
455 kcal • 38 g E • 19 g F • 17 g KH • 1,4 BE • 8 g BS

Leicht, aber dennoch herzhaft

Schweinefilet mit Spitzkohl

Für 2 Personen • gelingt leicht
35 Min.

300 g Schweinefilet • 1 ½ EL Rapsöl • 2 rote Zwiebeln • 1 Dose Tomatenwürfel (300 g) • Thymian • Rosmarin • Pfeffer • Salz • 1 Spitzkohl (400 g) • 1 Karotte • 2 mittelgroße Kartoffeln (150 g) • 10 g Butter • 50 g magerer Speck • 100 ml Gemüsefond

- Backofen auf 180 °C vorheizen.

- Das Fleisch im Öl von allen Seiten anbraten; in eine feuerfeste Form legen.

- Zwiebeln hacken und im restlichen Öl anbraten, mit Dosentomaten ablöschen, Thymian und Rosmarin zugeben, kurz köcheln. Mit Pfeffer und Salz würzen.

- Das Fleisch ebenfalls salzen und pfeffern, die Sauce dazugeben und im Ofen ca. 20 Min. garen.

- Das Gemüse klein schneiden. Den gewürfelten Speck in der Butter leicht anbraten. Gemüse zugeben, kurz mit anbraten, mit Gemüsefond ablöschen, Deckel schließen. Bei kleiner Hitze ca. 15 Min. garen. Mit Pfeffer würzen; evtl. salzen.

Nährwerte pro Portion:
495 kcal • 38 g E • 23 g F • 12 g KH • 1 BE • 11 g BS

Leckeres indisches Gericht – ideal fürs Wochenende

Chicken Tikka

Für 2 Personen • braucht etwas mehr Zeit
40 Min. plus 2 Std. Marinierzeit.

- 250 g Hähnchenbrustfilet
- 100 g Joghurt (1,5 % Fett)
- 2 EL Zitronensaft
- 1 EL Tomatenmark
- je ½ TL Curry und Garam Masala
- 1 TL Paprikapulver, edelsüß
- 90 g Basmatireis
- 1 TL Öl
- je ¼ TL Koriander-, Fenchel- und Senfsaat
- 160–180 ml Gemüsebrühe
- 1 Zwiebel
- 2 Knoblauchzehen
- 1 rote Paprika
- 1 gelbe Paprika
- 2 große Tomaten
- 1 EL Rapsöl
- 1 EL Tandooripaste
- 100 ml Tomatensaft
- 100 ml Kokosmilch
- 1 TL frischer Koriander
- 1 TL frische Minze
- Salz, Pfeffer

- Aus Joghurt, Zitronensaft, Tomatenmark und den Gewürzen eine Marinade bereiten.

- Das Fleisch kalt abspülen, mit Küchenpapier trocken tupfen, in ca. 1 cm große Stücke schneiden und für ca. 2 Stunden in der Marinade (zugedeckt und im Kühlschrank) einlegen.

- Für den Reis das Öl in einem Topf erwärmen, die Gewürzsaaten zugeben und erwärmen, bis es duftet. Den Reis zugeben, darin wenden, mit der Gemüsebrühe aufgießen und darin garen.

- Zwiebel und Knoblauch schälen und fein würfeln.

- Paprikaschoten und Tomaten waschen, putzen und in Würfel schneiden.

- Das Öl in einem Topf oder einer etwas tieferen Pfanne (oder in einem Wok) erhitzen, die Zwiebel glasig dünsten, die Tandooripaste, Knoblauch und Paprikagemüse zugeben und kurz mitdünsten.

- Das eingelegte Fleisch samt Joghurtmarinade unterheben und ca. 5 Min. unter Rühren garen.

- Tomaten, Tomatensaft und Kräuter dazugeben, mit der Kokosmilch auffüllen und alles weitere 5 Min. bei kleiner Hitze köcheln lassen.

- Das Chicken Tikka mit dem Reis anrichten und servieren.

Nährwerte pro Portion:
382 kcal • 36 g E • 8 g F • 30 g KH • 2,5 BE • 5 g BS

Delikate Spezialität aus dem Piemont

Vitello Tonnato

Für 2 Personen • gelingt leicht
30 Min.

250 g kalten Kalbsbraten in feinen Scheiben • 2 Salatherzchen • 200 g Kirschtomaten • 1 TL Rapsöl • Pfeffer • Salz • 1 TL Zitronensaft • 1 TL Essig • 1 EL Olivenöl • 2 EL Joghurt (1,5 % Fett) • 2 EL saure Sahne • 1 TL Zitronensaft • 1 EL Olivenöl • 1 kleine Dose Thunfisch in Wasser • 2 Sardellenfilets aus dem Glas • 2 EL Kapern • 60 g Vollkornbaguette

- Den Salat waschen und auf einer Platte anrichten. Zitronensaft, Essig, Pfeffer und Salz verrühren; Olivenöl unterschlagen. Das Dressing darüberträufeln.

- Das Rapsöl in einer Pfanne erhitzen, die Tomaten darin ca. 5 Min. anbraten, bis sie leicht aufplatzen, mit Salz und Pfeffer würzen und auf dem Salat platzieren. Die Bratenscheiben dazulegen.

- Für die Thunfischcreme alle Zutaten im Mixer kurz mischen, mit Salz und Pfeffer würzen und über das Fleisch geben. Mit dem Baguette servieren.

Nährwerte pro Portion:
455 kcal • 50 g E • 18 g F • 17 g KH • 1,4 BE • 4 g BS

« Vitello Tonnato

Ein sehr feines Gericht für sonntags

Kalbsfilet mit Topinamburpüree

Für 2 Personen • gelingt leicht
45 Min.

360 g Kalbsfilet • 1 EL Rapsöl • Pfeffer • Salz • 400 g Topinambur • 200 ml Gemüsebrühe • 1 TL Butter • 500 g Brokkoli

- Ofen auf 200 °C vorheizen. Das Fleisch von den Sehnen befreien, rundherum mit Pfeffer einreiben. Öl in eine Pfanne geben und das Fleisch von allen Seiten ca. 2 Min. anbraten. Anschließend salzen und die Pfanne in den Ofen stellen. Bei ca. 120 °C in 10 Min. fertig garen. Das Fleisch sollte innen rosa bleiben. Ofen ausschalten, das Fleisch mit Alufolie abdecken und ca. 5 Min. ruhen lassen.

- Topinambur schälen, in Stücke schneiden und in der Brühe ca. 20 Min. garen. Brühe abgießen und auffangen. Topinambur mit Butter pürieren, evtl. Brühe zugeben, mit Pfeffer und Salz würzen, warm stellen. Brokkoli dünsten, mit Pfeffer und Salz würzen.

- Das Fleisch mit Püree und Brokkoli anrichten und etwas Bratensaft darübergeben.

Nährwerte pro Portion:
425 kcal • 58 g E • 13 g F • 10 g KH • 0,8 BE • 28 g

Mit frischen Waldpilzen erlesen

Kaninchenrücken auf warmem Pilzsalat

Für 2 Personen • braucht etwas mehr Zeit
40 Min.

120 g gemischte Blattsalate • 400 g gemischte Pilze • 1 Schalotte • 1 Knoblauchzehe • 1 TL Rapsöl • 1 TL Walnussöl • 2 EL weißer Balsamicoessig • Pfeffer • Salz • 2 Kaninchenrücken • 1 TL Rapsöl • je 1 Zweig Rosmarin und Thymian • 2 Knoblauchzehen • 1 Scheibe Walnussbrot

- Die Salate in Stücke zupfen. Pilze putzen und halbieren. Schalotte und Knoblauchzehe fein würfeln und im Rapsöl glasig dünsten. Pilze zugeben und anbraten. Dann etwas abkühlen lassen.

- Kaninchen mit Pfeffer und Salz würzen und im Rapsöl von jeder Seite ca. 3 Min. anbraten. Die Kräuterzweige und Knoblauchzehen zugeben. Das Fleisch kurz ruhen lassen.

- Die Pilze und Salate mit Essig, Walnussöl, Pfeffer und Salz anmachen. Mit Fleisch und Brot servieren.

Nährwerte pro Portion:
450 kcal • 41 g E • 19 g F • 11 g KH • 1 BE • 14 g BS

Mit intensivem Spargelaroma

Gebratener Spargel mit Bündnerfleisch

Für 2 Personen • gelingt leicht
25 Min.

300 g Spargel, weiß • 300 g Spargel, grün • 200 g Kirschtomaten • 2 EL Rapsöl • Salz • Pfeffer • 20 g Pinienkerne • 60 g Bündnerfleisch • 30 g Parmesan, gehobelt • 2 Scheiben Vollkorntoast

- Den weißen Spargel komplett, den grünen nur im unteren Drittel schälen und in ca. 4 cm lange Stücke schneiden.

- Das Öl in einer Pfanne erhitzen und den weißen Spargel ca. 5 Min. braten. Dann den grünen Spargel zugeben und alles 5 Min. vorsichtig weiterbraten.

- Die Tomaten zugeben und ca. 5 Min. braten, bis sie leicht aufplatzen. Mit Salz und Pfeffer würzen. Mit dem Fleisch anrichten.

- Die Pinienkerne in einer Pfanne ohne Fett kurz rösten und mit dem Parmesan darübergeben.

Nährwerte pro Portion:
400 kcal • 22 g E • 20 g F • 14 g KH • 1,2 BE • 7 g BS

« Kaninchenrücken auf warmem Pilzsalat

Raffinierte Lamm-Füllung

Gefüllte Paprika mit Topinamburpüree

Für 2 Personen • gelingt leicht
45 Min.

2 Paprika (rot, gelb) • 200 g Lammhackfleisch • 50 g Magerquark • 1 Knoblauchzehe • 1 Zwiebel • 1 TL scharfe Paprikapaste • Salz • 1 EL Rapsöl • 150 ml Fleischfond • 2 Salbeiblätter • 1 Rosmarinzweig • 2 Thymianzweige • 250 g Topinambur • 200 ml Gemüsebrühe • 2 EL gehackter Bärlauch • 1 EL Crème légère

- Die Paprika halbieren und Kerne entfernen. Hack, Quark, fein gewürfelte Zwiebel, Knoblauch, Paprikapaste und Salz vermengen. Masse in die Paprikahälften füllen. Das Öl in einer Pfanne erhitzen, die Paprika anbraten. Mit dem Fleischfond ablöschen, alle Kräuter in den Fond legen. Im vorgeheizten Backofen bei 180 °C ca. 20–25 Min. garen.

- Den Topinambur würfeln, in der Gemüsebrühe garen, abgießen, pürieren. Bärlauch und Crème légère unterziehen. Mit den Paprika servieren.

Nährwerte pro Portion:
405 kcal • 38 g E • 18 g F • 7 g KH • 0,6 BE • 22 g BS

« Gefüllte Paprika mit Topinamburpüree

Verwenden Sie bitte nur frisches Hack

Tatar mit Spiegelei

Für 2 Personen • gelingt leicht
20 Min.

240 g Tatar • 2 Eigelbe • 1 TL scharfer Senf • Pfeffer • Salz • 3 Schalotten • 4 Salatblätter • 2 Gewürzgurken • 2 TL Kapern • 1 TL Paprikapulver, edelsüß • 2 Eier • 1 EL Rapsöl • 6 Stiele Schnittlauch, klein geschnitten

- Das Tatar in eine Schüssel geben, das Eigelb unterheben. Mit Senf, Pfeffer und Salz würzen. Die Schalotten schälen und in feine Würfel schneiden; ⅔ davon in die Fleischmasse geben.

- Den Salat waschen, trocken tupfen und auf zwei Teller legen. Aus dem Tatar zwei Frikadellen formen und auf die Salatblätter legen. Die Gewürzgurken in Fächer schneiden und dazulegen.

- Die restlichen Schalotten, die Kapern und das Paprikapulver in kleinen Häufchen ebenfalls auf den Tellern verteilen.

- In einer Pfanne das Öl erhitzen und die Spiegeleier darin braten, pfeffern und salzen, auf die Salatblätter geben und mit Schnittlauch bestreuen.

Nährwerte pro Portion:
380 kcal • 44 g E • 20 g F • 0 g KH • 0 BE • 1 g BS

Für ein besonderes kaltes Abendbrot

Schinkensülze mit Remoulade und knusprigem Walnussbrot

Für 2 Personen • anspruchsvoll

30 Min. plus 3 Std. Kühlzeit

- 3 Blatt weiße Gelatine
- 4 Stiele glatte Petersilie
- 4 Stiele Oregano
- 4 Stiele Schnittlauch
- 4 Scheiben gekochter Schinken (insgesamt 200 g)
- 250 ml Geflügelfond, selbst gemacht oder aus dem Glas
- Pfeffer
- Salz
- 2 EL weißer Balsamico-Essig
- 1 Ei
- 1 Gewürzgurke
- 4 EL Joghurt (1,5 % Fett)
- 1 EL Sauerrahm
- 100 g Feldsalat
- 2 EL Balsamico-Essig
- 1 TL Senf
- 2 EL Walnussöl
- 2 Scheiben Walnussbrot

Die Gelatine in kaltem Wasser einweichen. Die Kräuter waschen und trocken tupfen. Petersilien- und Oreganoblättchen von den Stielen zupfen. Schnittlauch in Röllchen schneiden.

Den Schinken in Würfel schneiden, mit den Kräutern mischen und in eine kleine Terrinenform geben.

Den Geflügelfond mit dem weißen Balsamico-Essig erhitzen, mit Pfeffer und Salz würzen. Die Gelatine ausdrücken und dann in dem Fond bei kleiner Hitze auflösen.

Den Fond über die Schinken-Kräuter-Mischung gießen, die Terrine zudecken und für drei Stunden in den Kühlschrank stellen.

Für die Remoulade: Das Ei hart kochen, abschrecken, pellen und hacken. Die Gewürzgurke in feine Würfel schneiden. Joghurt mit dem Sauerrahm verrühren, mit Pfeffer und Salz würzen, Ei und Gurke unterheben.

Den Feldsalat gründlich waschen, putzen und abtropfen lassen. Den Essig mit Senf, Pfeffer und Salz verrühren, das Walnussöl unterziehen. Kurz vor dem Servieren über den Salat geben.

Schinkensülze mit der Remoulade und dem Salat anrichten. Das Brot dazu reichen.

Nährwerte pro Portion:

446 kcal • 31 g E • 28 g F • 15 g KH • 1,3 BE • 4 g BS

Der Clou dabei: Zitronengras als Spieß

Putenspieße auf asiatischem Gemüseteller

Für 2 Personen • braucht etwas mehr Zeit

35 Min.

- 50 g Wildreis
- 100 ml Gemüsebrühe
- 300 g Brokkoli
- 300 g Blumenkohl
- 2 Karotten
- 1 EL Rapsöl
- 1 TL Curry
- 2 Kardamomkapseln
- 100 ml Gemüsebrühe
- 100 ml Kokosmilch, ungezuckert
- 1 TL Sojasauce
- Pfeffer
- 2 Putenschnitzel (à 180 g)
- 2 Zwiebeln
- 1 gelbe Paprika
- Salz
- Zitronengras zum Aufspießen
- 1 EL Rapsöl

- Den Reis in der Gemüsebrühe garen.

- Das Gemüse waschen und putzen. Brokkoli und Blumenkohl in Röschen zerteilen. In einem Topf mit kochendem Salzwasser blanchieren, abgießen, kalt abspülen und abtropfen lassen. Karotten schälen und in Scheiben schneiden.

- In einer großen Pfanne das Öl erhitzen, Curry einrühren, die Kardamomkapseln zugeben und kurz andrücken, das Gemüse zugeben, darin wenden und anbraten. Mit der Gemüsebrühe angießen, ca. 5 Min. köcheln lassen.

- Die Kokosmilch zugeben und weitere 5 Min. köcheln lassen. Abschließend mit Pfeffer und Sojasauce würzen.

- Währenddessen die Putenschnitzel in ca. 2 cm große Stücke schneiden.

- Zwiebeln schälen und vierteln.

- Paprikaschote waschen, putzen, entkernen und in etwa gleich große Stücke schneiden wie das Fleisch.

- Nun alle Zutaten abwechselnd auf die Zitronengrasspieße aufspießen, in dem Öl anbraten und bei kleiner Hitze fertig garen. Das Gemüse auf vorgewärmten Tellern anrichten, die Spieße obenauf legen.

Nährwerte pro Portion:

495 kcal • 49 g E • 14 g F • 21 g KH • 1,8 BE • 15 g BS

Deftiger Eintopf für kalte Wintertage

Irish Stew

Für 2 Personen • braucht etwas mehr Zeit
55 Min.

- 240 g Lammfleisch a. d. Schulter
- 1 EL Rapsöl
- 1 Zwiebel
- 400 ml Fleischbrühe
- 150 g Karotten
- 250 g Bohnen
- 100 g Weißkohl
- 100 g Kartoffeln
- Salz
- Pfeffer
- ½ TL Kümmel
- 1 Lorbeerblatt
- 1 TL Bohnenkraut
- 2 EL gehackte Petersilie

● Zunächst das Fleisch kalt abspülen, trocken tupfen und in ca. 2 cm große Würfel schneiden.

● In dem Öl anbraten, die Zwiebel schälen, würfeln, zugeben und mitbraten. Mit der Hälfte der Fleischbrühe angießen und köcheln lassen.

● In der Zwischenzeit das Gemüse waschen, putzen und in Scheiben bzw. Streifen schneiden.

● Die Kartoffeln schälen und würfeln. Gemüse und Kartoffeln nun ebenfalls in den Topf geben und unterheben.

● Kümmel, Lorbeerblatt, Bohnenkraut, Salz, Pfeffer zugeben. Mit der restlichen Fleischbrühe aufgießen.

● Den Topf verschließen und bei kleiner Hitze ca. 30–40 Min. garen.

● Mit der gehackten Petersilie servieren.

Tipp Wenn Sie kein Lammfleisch mögen, können Sie das Gericht auch mit Puten- oder Schweinefleisch zubereiten.

Nährwerte pro Portion:
401 kcal • 38 g E • 18 g F • 9 g KH • 0,9 BE • 7 g BS

Das Foto zum Rezept finden Sie im Vorwort (Seite 6)

Saltimbocca mit Artischocken

Für 2 Personen • braucht etwas mehr Zeit
45 Min.

- 6 Artischocken
- 1 Zitrone
- 2 Knoblauchzehen
- 1 EL Rapsöl
- Meersalz
- Pfeffer
- 150 ml Gemüsebrühe
- 200 g Kalbsschnitzel
- 4 Salbeiblätter
- 2 Scheiben roher Schinken ohne Fettrand
- 4 Zahnstocher oder Fleischnadeln
- 2 EL Rapsöl
- 100 ml Fleischbrühe

● Den Saft einer Zitrone in ca. ½ Liter kaltes Wasser geben.

● Die äußeren Blätter der Artischocken abzupfen. Mit einer Schere die Spitzen der anderen Blätter abschneiden. Wenn ein Stiel vorhanden ist, diesen bis zum Artischockenboden schälen. Artischocken vierteln, das »Heu« entfernen und in das Zitronenwasser legen.

● Knoblauch schälen und in feine Scheiben schneiden. In dem Rapsöl die Artischockenviertel rundum anbraten. Knoblauch zugeben, Brühe aufgießen und in 15–20 Min. bissfest garen.

● Den Backofen auf 160 °C vorheizen. In der Zwischenzeit das Kalbfleisch plattieren. Dafür legen Sie es zwischen 2 Stücke Frischhaltefolie und klopfen es mit einem flachen Gegenstand, z. B. einem Brettchen, flach. Nun aus dem Fleisch zwei Stücke pro Person scheiden.

● Auf jedes Stück Fleisch ½ Scheibe rohen Schinken und je ein Salbeiblatt legen, mit dem schwarzen Pfeffer würzen und zusammenrollen. Mit der Fleischnadel die Rolle zusammenhalten.

● In einer kleinen Pfanne das Rapsöl erhitzen, die Fleischröllchen rundum je eine Minute anbraten, mit der Fleischbrühe ablöschen, einen Deckel auf die Pfanne setzen und in den Ofen schieben. Bei 160 °C für ca. 3–5 Min. zu Ende garen.

● Anschließend die Kalbfleischröllchen mit den Artischocken anrichten.

Nährwerte pro Portion:
405 kcal • 46 g E • 20 g F • 5 g KH • 0,4 BE • 15 g BS

DESSERTS

Mmhh – mit Zimt-Pflaumenmus …

Marmorierte Quarkcreme

Für 2 Personen • geht schnell
10 Min.

2 reife blaue Pflaumen • ½ TL Zimt • 1–2 Sternanis • 100 g Magerquark • 60 g Naturjoghurt (1,5 % Fett) • ½ TL Agavendicksaft

- Die Pflaumen waschen, entsteinen, klein schneiden und in einem Topf mit dem Sternanis unter Rühren erwärmen, bis sie weich werden. Den Zimt unterrühren.

- Falls nötig, ein wenig Wasser zugeben.

- Von der Kochstelle nehmen, den Sternanis entfernen und die Pflaumen pürieren und abkühlen lassen.

- Den Quark mit dem Joghurt glatt rühren, mit dem Agavendicksaft süßen und in zwei Schälchen füllen.

- Sobald das Pflaumenpüree abgekühlt ist, unter die Quarkspeise ziehen, sodass ein Muster entsteht.

Nährwerte pro Portion:
130 kcal • 16 g E • 1 g F • 12 g KH • 1 BE • 1 g BS

Eine neue Variante

Crêpes mit leichter Creme

Für 2 Personen • gelingt leicht
20 Min.

40 g Kichererbsenmehl, fein • 1 Ei • 100 ml Milch, 1,5 % Fett • 1 TL Honig • 1 TL Butter • 1 Orange • 100 g Magerquark • 50 g Crème légère • ½ Vanilleschote

- Mehl, Ei, Milch und Honig zu einem glatten Teig verrühren.

- Die Orange schälen, die Filets herauslösen, auf einen separaten Teller legen und den restlichen Saft in eine Schüssel pressen. Den Quark, die Crème légère und das Mark der Vanilleschote dazugeben und alles miteinander verrühren.

- Einen Teil der Butter in einer kleinen Pfanne erhitzen, ¼ des Teigs dazugeben und goldbraun backen. Die anderen 3 Crêpes ebenso ausbacken.

- Je ¼ der Orangencreme mit einem Esslöffel in eine Hälfte der Crêpes streichen und die Orangenfilets gleichmäßig darauf verteilen. Dann zusammenklappen.

Nährwerte pro Portion:
225 kcal • 17 g E • 10 g F • 20 g KH • 1,7 BE • 5 g BS

« Crêpes mit leichter Creme

Eine fruchtig-feurige Variante

Brombeer-Tiramisu

Für 2 Personen • geht schnell
12 Min.

2 Vollkornkekse • 100 g Sauerrahm • (10 % Fett) • 200 g Joghurt (1,5 % Fett) • 1 unbehandelte Zitrone • 1 TL Honig • 1 Eiweiß • 100 g Brombeeren • 1 kleine rote Chilischote • 2 Minze-Sträußchen

- Die Kekse zerkrümeln und in zwei Glas-Dessertschalen verteilen.

- Sauerrahm, Joghurt und den Honig miteinander verrühren. Von der Schale der Zitrone ca. ½ TL abreiben und in die Creme geben. Das Eiweiß steif schlagen und unterheben.

- Von den Brombeeren zwei beiseitelegen, die restlichen zerdrücken. Die Chilischote waschen und in sehr feine Streifen schneiden. Mit den Brombeeren vermischen.

- Eine Schicht Creme auf die Kekskrümel geben, dann das Brombeerpüree. Mit der Joghurtcreme abschließen. Mit Brombeeren und Minze garnieren.

Nährwerte pro Portion:
190 kcal • 10 g E • 9 g F • 13 g KH • 1,1 BE • 2 g BS

Selbst leckeres Fruchteis machen

Frozen Blueberry

Für 2 Personen • gelingt leicht
10 Min. plus 1 Std. Kühlzeit

200 g griechischer Joghurt (fettarm) • 100 g Seidentofu • 1 unbehandelte Zitrone • ½ TL Agavendicksaft • 100 g gefrorene Heidelbeeren

- Joghurt und Seidentofu in einer Schüssel miteinander verrühren.
- Die Schale von der Zitrone abreiben, die Zitrone auspressen. Beides dazugeben. Mit Agavendicksaft süßen. Die Heidelbeeren zugeben und nun alles miteinander pürieren.
- In das Eisfach stellen und in der folgenden Stunde immer mal wieder umrühren. In zwei Gläsern servieren.

Nährwerte pro Portion:
95 kcal • 7 g E • 3 g F • 8 g KH • 0,7 BE • 3 g BS

Ein toller Vitamin-C-Lieferant

Sanddorncreme mit Körnerhaube

Für 2 Personen • geht schnell
10 Min.

1 TL Sonnenblumenkerne • 1 TL Pistazienkerne • 150 g Magerquark • 150 g Naturjoghurt (1,5 % Fett) • 2 TL Sanddornmus • ½ Vanilleschote • ½ TL Agavendicksaft

- Sonnenblumen- und Pistazienkerne in einer trockenen Pfanne rösten, auf einen Teller geben und abkühlen lassen.
- Quark und Joghurt in eine Schüssel geben. Sanddorn, ausgestrichene Vanille aus der Schote und Agavendicksaft einrühren.
- Die gerösteten Saaten über den Joghurt streuen.

Nährwerte pro Portion:
160 kcal • 15 g E • 7 g F • 8 g KH • 0,7 BE • 0,5 g BS

Köstlich erfrischend

Buttermilch-Zitroneneis

Für 2 Personen • geht schnell

10 Min. plus 30 Min. Gefrierzeit

2 Blatt Gelatine • 200 ml Buttermilch • 1 EL Zitronensaft • 1 TL Honig • 1/4 TL Bourbon-Vanillepulver • 1/2 TL abgeriebene Schale von 1 ungespritzten Zitrone • 3–4 Tropfen Zitronenöl (Bioladen) • Zitronenmelisse für die Dekoration

- Die Gelatine in kaltem Wasser ca. 5 Min. einweichen. Den Zitronensaft mit einem Schuss Wasser in einem kleinen Topf erhitzen und die Gelatine darin auflösen. Von der Kochstelle nehmen und unter regelmäßigem Rühren etwas abkühlen lassen.

- Alle anderen Zutaten gut miteinander verrühren. Von dieser Masse 2–3 EL in die Gelatine einrühren. Wichtig ist, dass sich keine Klümpchen bilden.

- Anschließend die abgekühlte Gelatine in die Buttermilch-Mischung einrühren und gut unterschlagen. Alles für ca. 30 Min. in eine Eismaschine geben.

- In zwei Schälchen portionieren und mit der Zitronenmelisse garnieren.

Nährwerte pro Portion:

285 kcal • 33 g E • 17,7 g F • 29 g KH • 2,4 BE • 0 g BS

Besonders cremiges Fruchteis

Seidentofu-Beerenfrüchteeis

Für 2 Personen • geht schnell

10 Min. plus 30 Min. Gefrierzeit

2 Blatt Gelatine • 50 g Beerenfrüchte • 200 g Seidentofu • 1 TL Honig • 1/4 TL Bourbon-Vanillepulver • 2 Sträußchen Zitronenmelisse für die Dekoration

- Die Gelatine in kaltem Wasser ca. 5 Min. einweichen.

- Etwas Wasser in einem kleinen Topf erhitzen und die Gelatine darin auflösen. Von der Kochstelle nehmen und unter regelmäßigem Rühren etwas abkühlen lassen.

- Die Beerenfrüchte pürieren und nach und nach in die geschmolzene Gelatine geben.

- Seidentofu, Honig und Bourbon-Vanille gut miteinander verrühren. Anschließend die abgekühlte Gelatine-Beeren-Mischung in die Seidentofu-Creme einrühren. Alles für ca. 30 Min. in eine Eismaschine geben.

- In zwei Schälchen portionieren und mit der Zitronenmelisse garnieren.

Nährwerte pro Portion:

135 kcal • 13 g E • 4 g F • 10 g KH • 0,8 BE • 3 g BS

Zerschmilzt auf der Zunge

Luftige Nockerln in Erdbeersauce

Für 2 Personen • geht schnell
20 Min.

300 g Erdbeeren • 1 TL Zitronensaft • 2 Eiweiß • 1 TL Vanillezucker • 250 ml Milch • 100 ml Milch • 1 Prise Bourbon-Vanillepulver • 1 TL Vanillepuddingpulver • 1 TL Agavendicksaft

- Die Erdbeeren mit dem Zitronensaft pürieren. Das Eiweiß mit dem Vanillezucker steif schlagen. Die Milch zum Kochen bringen, von dem Eiweiß mit zwei Teelöffeln Nockerln abstechen und für 6 Min. in die köchelnde Milch geben.

- Für die Vanillesauce das Puddingpulver in etwas kalter Milch anrühren. Die restliche Milch mit dem Vanillearoma zum Kochen bringen, das angerührte Puddingpulver einrühren, kurz aufkochen und etwas abkühlen lassen. Nach Geschmack mit Agavendicksaft süßen. Nockerln in die Erdbeersauce geben und mit Vanillesauce servieren.

Nährwerte pro Portion:
130 kcal • 8 g E • 1 g F • 20 g KH • 1,7 BE • 3 g BS

Durch das Mineralwasser sehr luftig

Quark-Haselnuss-Pfannkuchen

Für 2 Personen • gelingt leicht
25 Min.

Für die Pfannkuchen
1 Ei • 75 ml Milch • 1 Schuss Mineralwasser mit Kohlensäure • 20 g Kichererbsenmehl • 20 g sehr fein gemahlene Haselnüsse • 1 TL Honig • 1 Prise Bourbon-Vanillepulver • 1 EL Butter zum Ausbraten

Für die Füllung
100 g Magerquark • ½ Vanilleschote • einige Tropfen Rumaroma • ½ TL Agavendicksaft • abgeriebene Schale einer ungespritzten Zitrone

- Für die Pfannkuchen alle Zutaten zu einem glatten Teig verrühren.

- Den Teig 5 Min. quellen lassen. Anschließend in der Butter nach und nach die Pfannkuchen ausbacken.

- Für die Füllung alle Zutaten miteinander verrühren, die Pfannkuchen damit füllen und servieren.

Nährwerte pro Portion:
330 kcal • 27 g E • 18 g F • 14 g KH • 1,2 BE • 2 g BS

« Luftige Nockerln in Erdbeersauce

Passt zu einem sehr KH-armen Hauptgericht

Schoko-Pancake mit Mango-Mousse

Für 2 Personen • braucht etwas mehr Zeit

30 Min.

- 50 ml Maracujasaft
- Saft von 1 Limette
- 2 Blatt weiße Gelatine
- ½ reife Mango
- 1 Eiweiß
- 1 TL Honig

Für die Pfannkuchen

- 2 kleine Eier
- 80 ml Milch, 1,5 % Fett
- 25 ml Mineralwasser
- 1 Prise Bourbon-Vanillepulver
- 1 EL Honig
- 1 TL dunkles Kakaopulver
- 50 g Kichererbsenmehl, fein
- 1 Minze-Sträußchen

- Den Maracujasaft mit dem Limettensaft erwärmen, die Gelatine in kaltem Wasser einweichen, herausnehmen, ausdrücken und in dem warmen Saft auflösen. Die halbe Mango pürieren. Den Saft mit der aufgelösten Gelatine unter das Mangopüree ziehen.

- Das Eiweiß zu einem steifen Schnee schlagen und unter das Mangopüree heben. Mit Honig süßen. Die Füllung in den Kühlschrank stellen.

- Für die Pfannkuchen: Alle Zutaten mit dem Mixer zu einem glatten Teig verrühren und 5 Min. quellen lassen. In der Butter die Pfannkuchen ausbacken.

- Je nach Größe der Pfanne kann der Teig zwei oder vier Pfannkuchen ergeben.

- Wenn die Pfannkuchen abgekühlt sind, die Füllung am besten mit einem Spritzbeutel in einem Streifen in die Mitte der Pfannkuchen platzieren.

- Die Pfannkuchen aufrollen und diagonal halbieren.

- Mit dem Minze-Sträußchen garnieren und servieren.

Nährwerte pro Portion:

280 kcal • 18 g E • 8 g F • 30 g KH • 2,5 BE • 6 g BS

Reich an Antioxidanzien

Vanillepudding mit Heidelbeersauce

Für 2 Personen • gut vorzubereiten
20 Min. plus 2–3 Std. Kühlzeit

200 ml Milch (1,5 % Fett) • das Mark von ½ Vanilleschote • 2 Blatt Gelatine • ½ TL abgeriebene Schale 1 unbehandelten Zitrone • 1 TL Honig • 150 g Seidentofu • 100 g Heidelbeeren (frisch oder TK-Ware) • ½ TL Agavendicksaft

- Die Gelatine in kaltem Wasser einweichen. Die Milch mit dem Vanillemark erwärmen. Die Gelatine ausdrücken und in der Milch auflösen, Zitronenabrieb, Honig und Tofu unterrühren.

- Den Pudding in Förmchen füllen, mit Frischhaltefolie abdecken und – am besten über Nacht – in den Kühlschrank stellen.

- Die Heidelbeeren in einem Topf erwärmen und weich werden lassen. Mit dem Agavendicksaft süßen und kalt stellen. Den Pudding auf einen Teller stürzen, die Sauce um den Pudding herum anrichten.

Nährwerte pro Portion:
115 kcal • 10 g E • 4 g F • 10 g KH • 0,8 BE • 2,5 g BS

Säuerlich und erfrischend

Italienische Limonencreme

Für 2 Personen • gelingt leicht
15 Min. plus 2–3 Std. Kühlzeit

2 Blätter weiße Gelatine • 75 ml Limonensaft • 25 ml Wasser • ½–1 TL Stevia zum Süßen • 75 g Magerquark • 125 g Crème légère • 1 Prise Bourbon-Vanille • 1 Eiweiß • einige Limonenzesten

- Die Gelatine in kaltem Wasser einweichen. Limonensaft und Wasser verrühren und zum Kochen bringen. Die Gelatine ausdrücken und in der Saft-Wasser-Mischung auflösen.

- Abkühlen lassen, mit Stevia vorsichtig süßen, abschmecken und den Quark und die Crème légère einrühren. Die Bourbon-Vanille unterrühren.

- Das Eiweiß sehr steif schlagen und vorsichtig unter die Creme heben.

- Die Creme in zwei Gläser füllen und für ca. 2–3 Stunden kalt stellen. Vor dem Servieren mit den Zesten der Limonenschale dekorieren.

Nährwerte pro Portion:
165 kcal • 11 g E • 9 g F • 8 g KH • 0,7 BE • 0 g BS

» Italienische Limonencreme

Dank Kokosmilch köstlich »sahnig«

Schoko-Kokos-Cotta

Für 2 Personen • gelingt leicht
20 Min.

2 Blatt Gelatine • 150 ml Kokosmilch • 1 EL dunkles Kakaopulver • ½ TL Agavendicksaft • 1 Eiweiß • 80 g frische Mango • 1 TL Kokosraspel • 1 TL Zartbitter-Schokoladenraspel

- Die Gelatine 5 Min. in kaltem Wasser einweichen.
- Die Kokosmilch zum Kochen bringen. Kakaopulver, Agavendicksaft und die aufgelöste Gelatine einrühren.
- Das Eiweiß sehr steif schlagen und unter die bereits etwas abgekühlte Kokosmilch heben.
- Die Kokoscreme in zwei Dessertschalen füllen und kalt stellen.
- Kurz vor dem Servieren die Mango schälen, in feine Würfel schneiden und auf die Creme geben. Mit je ½ TL Kokos- und Schokoladenraspel bestreuen und servieren.

Nährwerte pro Portion:
85 kcal • 5 g E • 3 g F • 9 g KH • 0,8 BE • 3 g BS

Schön zu einer kalten Hauptspeise

Versunkene Aprikosen

Für 2 Personen • gelingt leicht
10 Min. plus 25 Min. Backzeit

3 Aprikosen • 2 Eier • Schale von ½ unbehandelten Zitrone • 1 TL Vanillezucker • 150 g Crème légère • 50 g Naturjoghurt (1,5 % Fett) • 1 TL gehobelte Mandeln

- Den Backofen auf 200 °C vorheizen.
- Die Aprikosen waschen, trocknen, halbieren und entkernen.
- Die Eier trennen, das Eiweiß zu steifem Schnee schlagen.
- Das Eigelb mit der geriebenen Zitronenschale und dem Vanillezucker glatt rühren. Die Crème légère und Joghurt unterrühren. Zum Schluss den Eischnee unterheben. Die Masse in feuerfeste Förmchen geben.
- Die halbierten Aprikosen mit der Rundung nach oben auf die Eimasse legen. Die Mandelblättchen darüberstreuen.
- Im Backofen ca. 25 Min. backen.

Nährwerte pro Portion:
250 kcal • 10 g E • 17 g F • 13 g KH • 1,1 BE • 1,4 g BS

Rezept- und Zutatenverzeichnis

Sachverzeichnis

Liebe Leserin, lieber Leser,

hat Ihnen dieses Buch weitergeholfen? Für Anregungen, Kritik, aber auch für Lob sind wir offen. So können wir in Zukunft noch besser auf Ihre Wünsche eingehen. Schreiben Sie uns, denn Ihre Meinung zählt!

Ihr TRIAS Verlag

E-Mail-Leserservice
kundenservice@trias-verlag.de

Lektorat TRIAS Verlag
Postfach 30 05 04
70445 Stuttgart
Fax: 0711 89 31-748

Bibliografische Information der Deutschen Nationalbibliothek
Die Deutsche Nationalbibliothek verzeichnet diese Publikation in der Deutschen Nationalbibliografie; detaillierte bibliografische Daten sind im Internet über http://dnb.d-nb.de abrufbar.

Programmplanung: Uta Spieldiener
Redaktion: Anne Beck, Stuttgart
Bildredaktion: Christoph Frick

Umschlaggestaltung und Layout:
CYCLUS Visuelle Kommunikation, Stuttgart

Bildnachweis:
Umschlagfoto: Meike Bergmann, Berlin
Fotos im Innenteil: S. 4, 8/9, 30/31: Meike Bergmann, Berlin; alle weiteren Fotos: Nikolai Buroh/ Westermann + Buroh Studios
Grafiken: S. 12: Jelka Lerche, Lüneburg;
S. 14: Susanne Tischewski, Marburg

Die Rezepte in diesem Buch wurden erstmalig publiziert in »Das Almased-Kochbuch« von Andrea Stensitzky-Thielemans, TRIAS Verlag, 2013.

1. Auflage

Printed in Germany

Satz und Repro: Fotosatz Buck, Kumhausen
Gesetzt in Adobe InDesign CS6
Druck: AZ Druck und Datentechnik GmbH, Kempten

Gedruckt auf chlorfrei gebleichtem Papier

ISBN 978-3-432-10287-0

Auch erhältlich als E-Book:
eISBN (PDF) 978-3-432-10288-7
eISBN (ePub) 978-3-432-10289-4

1 2 3 4 5 6

Wichtiger Hinweis: Wie jede Wissenschaft ist die Medizin ständigen Entwicklungen unterworfen. Forschung und klinische Erfahrung erweitern unsere Erkenntnisse. Ganz besonders gilt das für die Behandlung und die medikamentöse Therapie. Bei allen in diesem Werk erwähnten Dosierungen oder Applikationen, bei Rezepten und Übungsanleitungen, bei Empfehlungen und Tipps dürfen Sie darauf vertrauen: Autoren, Herausgeber und Verlag haben große Sorgfalt darauf verwandt, dass diese Angaben dem Wissensstand bei Fertigstellung des Werkes entsprechen. Rezepte werden gekocht und ausprobiert. Übungen und Übungsreihen haben sich in der Praxis erfolgreich bewährt.

Eine Garantie kann jedoch nicht übernommen werden. Eine Haftung des Autors, des Verlags oder seiner Beauftragten für Personen-, Sach- oder Vermögensschäden ist ausgeschlossen.

Geschützte Warennamen (Warenzeichen®) werden nicht besonders kenntlich gemacht. Aus dem Fehlen eines solchen Hinweises kann also nicht geschlossen werden, dass es sich um einen freien Warennamen handelt.